THE DETAILS OF MANAGEMENT

管理的细节

任俊正◎著

中国发展出版社
CHINA DEVELOPMENT PRESS

图书在版编目（CIP）数据

管理的细节/任俊正著．—北京：中国发展出版社，2015.5（2016.4 重印）

ISBN 978－7－5177－0318－1

Ⅰ.①管…　Ⅱ.①任…　Ⅲ.①企业管理　Ⅳ.①F270

中国版本图书馆 CIP 数据核字（2015）第 083856 号

书　　　名：管理的细节
著作责任者：任俊正
出 版 发 行：中国发展出版社
（北京市西城区百万庄大街 16 号 8 层　100037）
标 准 书 号：ISBN 978－7－5177－0318－1
经　销　者：各地新华书店
印　刷　者：三河市东方印刷有限公司
开　　　本：710mm×1000mm　1/16
印　　　张：15.5
字　　　数：210 千字
版　　　次：2015 年 5 月第 1 版
印　　　次：2016 年 4 月第 2 次印刷
定　　　价：35.00 元
联 系 电 话：（010）68990625　68990692
购 书 热 线：（010）68990682　68990686
网 络 订 购：http：//zgfzcbs.tmall.com
网 购 电 话：（010）68990639　88333349
本 社 网 址：http：//www.develpress.com.cn
电 子 邮 件：121410231@qq.com

THE RECOMMENDED SEQUENCE

推荐序一

管理也是生产力。管理的价值充分体现在它的最基本的职能——“组织”上。管理具有二重性，既要组织生产力，又要处理生产关系。各生产要素只有通过管理的职能把它们有效地组织起来，才能变成现实的生产力。在既定的技术条件下，这种组织水平有多高，生产力的水平就能有多高。记得在一次会议上，休息时与一位搞科技的老专家聊天，他深有体会地对我说：“我是搞技术的，以往总觉得科技最重要，现在看来管理更加重要，可以说没有管理，什么也做不成。”在我这个搞经济和管理的学者面前，这位老专家虽然表现得有些谦虚，但他的话却是真诚的、由衷的。

管理既是一门科学，也是一门艺术。要掌握管理学的真谛，除掌握必要的专业知识外，还需要不断的实践。但强调管理的实践性，并不是说管理不需要理论的指导。我在教学中，经常有人问我，既然管理如此重要，有没有一些管理模式，能让我们拿来就用？还有人甚至说，我有资金，也有人，你就告诉我现在干什么、怎么干能赚钱就行了。我说，赚钱是你们企业家的事，而不是专家教授的事。专家教授的任务在于帮助大家提升对管理的一般原理和规律的认识，当然这种认识必须建立在对实践充分把握的基础上。

在实际工作中，上述把管理简单化、经验化的想法和做法并不少见。在改革开放初期，我们整个国家似乎都在寻找和探索企业管理的经验，但却缺乏对管理一般规律的深入研究和认识。当一个地区或一个企业总结出某些所谓好的经验后，有关方面马上就组织在全国推广，号召所有的企业都去参观学习。一些企业不顾本企业的实际，把学来的东西生搬硬套到自己的企业中，结果效果并不好，于是又对这种经验进行否定，并开始寻求新的经验，如此周而复始。

我并不否认经验的重要性，而是强调任何管理模式或经验都有其适应的范围。不顾客观条件的照搬照抄，注定是不能取得成功的。上述情况，归根结底是计划经济体制下行政手段配置资源的产物，当市场在资源配置中发挥决定性作用的时候，这种现象就一去不复返了！

管理的实践性和艺术性还常常表现在一些细节上。对这些细节的发现与把握的能力与水平，或者说处理的艺术，会直接影响到管理的效果。《管理的细节》就是一本研究管理细节和管理艺术的著作。作者任俊正博士受到过严格的管理学理论训练，又长期从事企业管理咨询工作，经常深入到企业一线，对企业的生产经营活动有着深入的了解。作者提出注意管理细节的重要性，但并不意味着不重视战略问题，只是强调不仅要重视战略的制定，更要重视战略的执行和落实。如书中《企业战略到底“战略”什么》《悬空的战略》《领导有战略≠企业有战略》等文章，就对企业战略问题进行了深入思考。在整个企业界热衷于谈论“战略”问题时，作者通过对企业实际的深入观察，冷静地发现企业“美妙的战略报告”与员工“清晨走进办公室到傍晚离开办公室”的实际行动并没有密切的关联，并据此进行了深入阐述和思考。更难能可贵的是，作者在宣讲时非常生动且引人入胜，就像在阐述一篇小说构思、求解一道数学难题一样。又如书中《如果细节决定成败，什么决定细节》一文，根据当前企业中流行的“细节决定成败”这种观点，结合在企业中观察到的具体现象，提出了“什么决定细节”的问题，并结合自身实践给出了答案，其所提出的问题与解决问题的思路都值得管理者深思。

类似这样的问题在书中还有很多。从一定意义上说，《管理的细节》一书与其说是作者对管理细节的观察与思考，不如说是对细节背后所隐藏的规律的认知与把握。

《管理的细节》一书在写作风格上，既不像一般的管理学教科书那样系统而呆板，也不是那种零星杂乱无章的经验总结，它像是一位在企业工作多年的朋友，在与您就企业中的人与事进行用心交流，时而会让您会心一笑，时而又会让您陷入深思。我相信，如果您能沉下心来细细地阅读，一定会得到意想不到的收获。

是为序。

国家行政学院原经济学部主任、教授、博士生导师 周绍朋

THE RECOMMENDED SEQUENCE

推荐序二

在互联网概念满天飞的时代，真正参与过互联网企业创业的人都可能有这样的体会，比所谓伟大的盈利模式更为重要也更有难度的，是模式的落地。

模式要落地，就必须扎扎实实地打造供应链、运营链与需求链，其中包括扎扎实实地打造管理平台。现在有很多人号称互联网企业不需要管理，在我看来，互联网企业不是不需要管理，而是需要适应时代发展的管理，其中尤其是要适应90后对自由、平等、爱与尊重等方面的需要。在更为开放、自由、宽容的互联网时代，管理人员在一些司空见惯的管理细节上的麻木，如与员工的沟通方式、团队建设的方式、命令链的形式等细节上的麻木，最终结果只能是被时代淘汰。要做好管理，就要深刻理解组织的规律、准确理解人性的特点，真正地用“心”管理。我想，这就是《管理的细节》一书所倡导的管理思想。

任俊正博士是蜜蜂游旅行网的管理顾问与创始合伙人，深度参与了从模式产生、开发上线到迅速发展的整个过程。他既有深厚的理论功底，也有丰富的实战经验，更可贵的是，他不但能够从细节的变化中捕捉到变化背后的本质，而且能够用非常通俗的语言讲出来，三两句话便可拨云见日，让人豁然开朗。这种举重若轻的风格也充分体现在了《管理的细节》一书中。

《管理的细节》并没有采取说教的方式列举一堆所谓的管理金科玉律，而是以朋友的身份在用“心”谈话。书中所讲的人和事，会让人不由想到自己企业中的人和事。书中所分析的管理行为，会让人不由反思自己的管理行为。听作者用“心”的谈话，会在不经意间品味到管理的真谛。

蜜蜂游旅行网创始人兼 CEO

CONTENTS

目 录

第1篇 企业的宿命

第2篇 组织的逻辑

第4篇 管理的价值

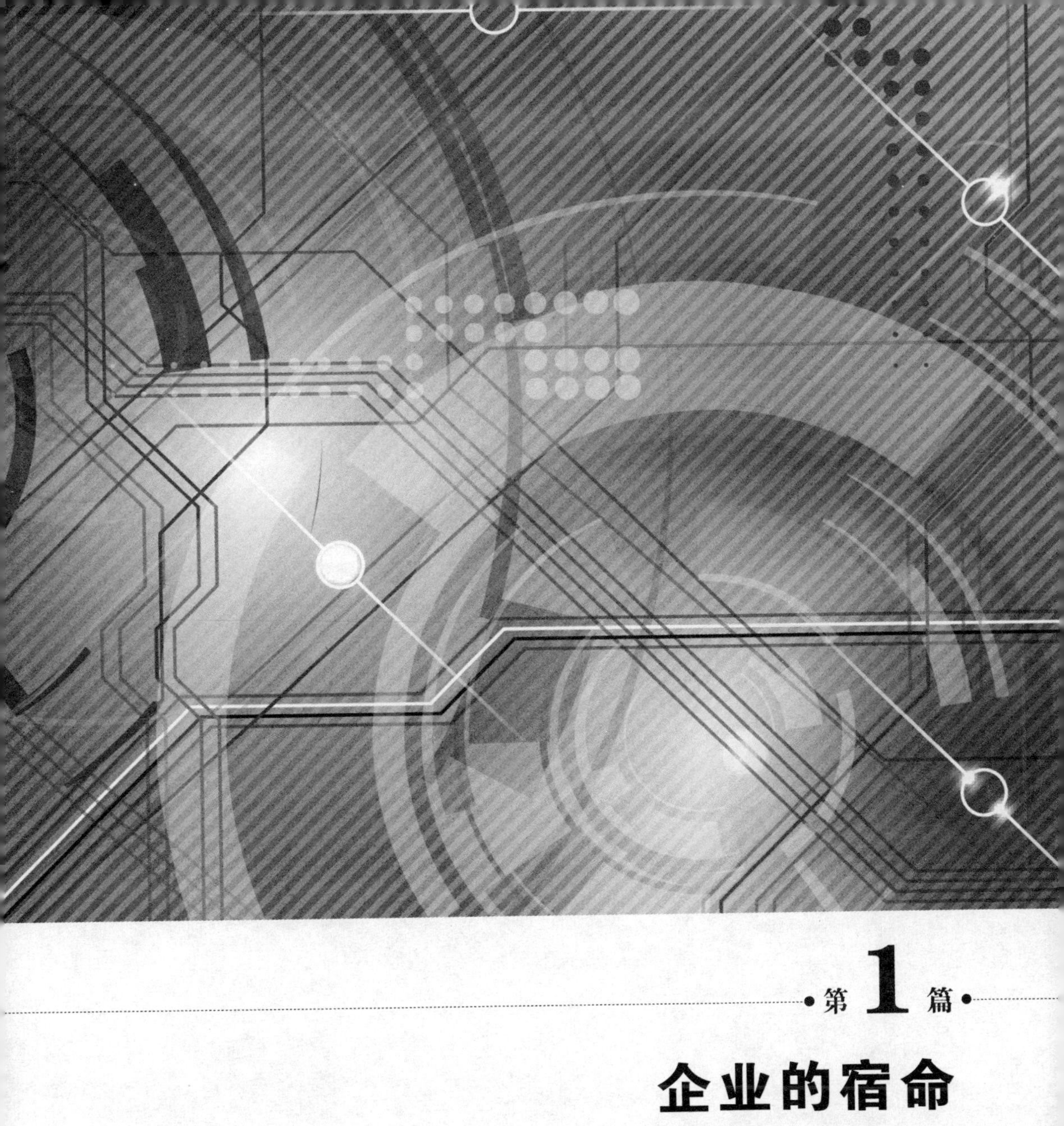

第1篇

企业的宿命

改变人治企业的命运

对体制内企业的分析及解决建议

你有多久没到基层工地上去了

改制后的国企缘何难管

组织的逻辑到底是什么

……

小企业，大老板

——改变人治企业的命运

阅读思考

1. 为何资产过亿的老板，依然忙得像蚂蚁？
2. 如何建立靠机制而非人治的企业？

北京很少会有类似山西煤老板们一夜暴富的故事，坊间也很少会流传如温州炒房团老板们的传说，可北京却的确有那么一大批非常有钱的人。这些人很多都经营着一家或几家不大不小的公司，在京郊某个地方拥有几套别墅，有几辆或十几辆高级私家车，对外还投资着一个或几个项目。他们的公司也许只在北京某个偏僻写字楼的一间小房子中，但却敢沉稳地描绘红旗插遍全国的计划。那种沉稳不是装出来的，而是确实有雄厚的财力做底气。他们中许多人的资产，甚至并不比那些整天在媒体上混脸熟的企业家少，可能更多。也许在普通人眼里，他们的日子无忧无虑，然而他们也有苦恼，其中之一就是所谓的“小企业、大老板”的困惑。

这些人大部分是传统行业的经营者。虽然也有技术革新浪潮中的幸运儿，如办了一个网站获取了巨额财富之类的，但毕竟是少数。这些人很多都是凭借着北京特有的地理优越性，以及对改革动向的先知先觉能力，或者某种关系资源，把握了一个机会，从而开创了自己的事业。他们可能是 20 世纪 90 年代初期响应小平南行讲话，从某个部委、政府某个部门甚至区县的某个机构中出来的，或者是从央企、事业单位中出来的，在外人眼里，他们大多数是带着资源下海的。有了资源，便会创富。而事实上，个中滋味只有他们自己知道。他们认为自己是在认真地创业，认真地经营企业。

可让他们不能理解的是，企业发展到一定程度就停滞了，很难再做大了。再看看身边，当年在自己面前称小弟的、原来给自己打工的，创业后一个个做起来了，有些还成了大集团的老板。而自己呢？似乎永远是一个人在忙碌，只要一闲下来，企业就马上没订单，要关门了。尤其是市场工作，似乎永远就自己一个人在忙，谁也帮不上手。

他们很困惑。他们也想建立一个靠机制而不是人治的企业。靠机制，钱可以少赚点，但可以长期发展，不更好吗？但是往往却实现不了。为此，他们许多人去学习，掏高价去上一些挂着 MBA 或 EMBA 名头的真真假假的培训班。学完之后，交了些朋友，眼界也开阔了不少，但企业还是人治，而没有真正依靠机制发展。他们也高薪聘请过职业经理人，可是“高薪聘请的职业经理人使不上劲”，“没过几天就想着跳槽”。这的确是一件让人苦恼的事情。

在很长一段时间里，我接触着大量这样的大小老板，听他们诉说着不同内容但相同逻辑的故事，然后听他们一遍遍地问我为什么。因为我是管理学博士，所以他们认为应该有理论上的答案。但我常常不知道如何回答。我当然不会简单地告诉他们理论上是否有答案。理论上三言两语的解释往往让人更加糊涂。更多的时候，我会提出一些共同探讨的问题，譬如，你的企业存在的价值是什么？当然对于这个略显抬杠的问题，我一般会换个方式来讨论，比如问，你的企业为什么会支撑到今天？或者再土一点，你的企业赚钱的真正秘招是什么？诸如此类。如果对方没有兴趣讨论，我多半也就不会往下去探究为什么企业长不大了；如果有兴趣，那双方探讨的过程中，答案往往就会慢慢浮出水面。

我得到的答案简直是五花八门，但大多数都反映了这样一个悖论：老板们想让企业成为自己的印钞机，却没有按印钞机制造的规律去打造这个印钞机，而且这类企业一开始就不是按印钞机的模式运行的。用正规一点的话说，他们也期望构造一种机制，这种机制能够整合社会中的人、财、物等资源，从而创造出价值。然而自始而至终，他们真正用在打造机制方面的精力却不够，或者用了精力却没用对地方。他们的企业还只是做生意，还称不上严格意义上的企业，抽象地说，只是一个人在倒买倒卖而已。这些企业之所以能够产生并发展，很大程度上依靠的是关系或机会。他们的企业往往诞生于某个批文、某种资源或某个关系，甚至直接是某个订单。最初的开始决定以后的发展路径。承认也罢不承认也罢，北京有很多机会，也有很多关系，而且可能是含金量非常高的。这些关系或机会通过老板个人转为了财富，使他们赚取了第一桶金。可随后，他们还是惯性地依赖这种模式，就会慢慢走不通了。

而且，这种过分关注于外的模式一旦形成了，企业基因就很难改变。企业就是在关系或机会不断衍生新的关系或机会中成长的。很多类似企业一开始沿用的这种轨迹，以后会一直延续着。这些关系或机会都属于老板个人，老板很难将其转移给下属。北京创业的环境确实太好了，麻雀变凤凰的故事在我们身边并不少见，员工变老板的例子比比皆是。不是你敢与不敢将这些关系或机会转移给员工的问题，也不是员工忠诚不忠诚的问题，事实是，在这样的模式下，谁敢放走关系或资源，将其转给员工，就等于帮助别人创业，而且与自己竞争。况且，关系或资源这东西，是靠长时间积累出来的，不是想转就能转的。因此，老板们只得自己去干。所以你会发现，在北京有很多身价不低的人，仍然比蚂蚁还忙。

或许这就是这类企业的宿命，最初的开始决定着最终的结局。要改变命运，唯有改变。这种类型的企业的出路可能只有一条，那就是痛苦的转型。转什么型、何时转、如何去转，又是一个非常复杂的话题，但是转型却是必须的。如果要想改变，那么你将不得不在创造机制方面卜很多功夫，甚至重新调整赢利模式。很多时候，对内部事务投入的时间和精力可能还比对外部投入要大得多，而效果却甚至不如后者。当然如果不想改变，也可以过目前的生活，只是会忙点、累点而已。

一架笨重的公司机器
——对体制内企业的分析及解决建议

阅读思考

1. 体制内的垄断企业职工就清闲吗?

2. 为什么工作流程越来越长?

与Y公司叶总谈起该公司的情况。

这是一个垄断行业里主辅分离后辅业改革形成的国企。虽然改制了，但事实上仍然依赖着主业，与主业的人与事有着千丝万缕的联系。凭借主业丰厚的垄断利润，这家企业似乎正幸福快乐地生存着。

可是，他们真的高枕无忧吗？并非如此。他们也有苦衷。虽然是垄断行业，但这里却真的非常忙碌。在这家中型公司的办公楼走廊，总可以看到行色匆匆的员工，甚至下班后很晚了，办公楼里依然灯火通明。每个人似乎都很累，像是在一种无法控制的涡流中旋转着。

每家企业都像一架机器，每个部门都像是机器中的一个部件，每个人都像是一个零件。每个部件承担特定的功能，每个零件都有自己的作用。有些机器是笨重的，像我们早年印象中苏联的机器，操作起来很笨拙，生产出来的东西很粗犷。而有些机器却是灵巧的，像我们改革初期印象中来自日美的东西，体格小巧，操作灵便，生产出来的东西很精致。

了解机械的人都知道，机器笨重与灵巧区别的关键在于设计。而设计的关键就是对机制的构思。有些机器设计时，抓不到重点，绕来绕去，不但使得生产成本高，机器出来后也让人用着别扭。有些机器却设计得非常巧妙，让人用着舒服且成本不见得增加。不同的机制，决定了机器之间的不同。

这家企业就像是那种笨重的机器。公司有很多领导，每个领导分管一两个部门，或干脆不分管具体的部门，就当专职领导。每个部门有正、副职，部分部门还可能有经理助理之类，甚至还有享受部门待遇的“高职低配”的人。每个人都有岗位，似乎都有权力、有职责，但很多人却说不清自己到底是干什么的，甚至会调侃一句“领导让干什么干什么”。譬如企业里的综合办，七十多人的企业，综合办中竟有十三个人。这十三人是干什么的？不知道，不过每个人都很忙。

这就是这架机器的特点。在垄断行业的改革迟迟未能有效深入的今天，这种行业特点必然会产生这样的机器。你既没法毫无来由地批评机器里面的零件——因为每个人都是无辜的，每个人都是好人，也没法真正地对零件表示理解——因为从结果上看，他们做的事常常散发出那种垄断机器常有的低效气息。

现在这家企业的总经理需要我给他一些建议。这个总经理的确想干一番事业。在他看来，这家小小的企业不应是他职业的终点。然而，要真干成一番事业，却着实不易。

提建议对我来说，确实有些困难。即便不去扯体制之类的大事，眼前所面临问题的症结也是非常明显的——人太多了，五个人干一个人的活，必然人浮于事。人多了，每件事的环节就多了。尤其是给多个领导特意留的环节，也就更多。每个环节上的人都用心，但是劲不在一处使，结果领导累，员工也累。不过，由于企业的特殊性，这里几乎不可能有人员流动，所以我只能在现状基础上去解决问题。这就像明知机器本身有问题，却只能小修小补。我只得硬着头皮上。

注意三个矛盾

经过一番调查后，我进一步了解了这家公司的情况。在与叶总进行沟通时，我谈了该企业的一些管理问题，如组织设置不合理、岗位职责不清、人力资源管理缺位等等，都是些常规的或者结构性的描述。末了，我说，作为企业领导，如果真想改变，应该注意三个矛盾。

（1）业务战略与运营系统之间矛盾

企业的战略总归是要用来实现的。然而，没有运营系统的支撑，战略只能是文人为领导写的讲话稿，到了年终或年初，领导在台上讲一讲，大家高兴一下罢了，但如何实现却不得而知。譬如，这个企业希望在三年之内成为业界一流，那么业界一流是什么样的概念？具体的业务分解到具体的市场上，到底应该完成多少？在具体的市场上，又需要用什么样的具体行动来实现？没有人知道。日子还是一天一天地过着，战略只是个神话，听起来很美而已。企业战略目标的实现，需要企业各个系统来支持，如人力资源系统、技术系统、营销系统、生产系统等等，围绕战略需要具体的分解，也需要对运营系统的各个方面进行有效的制度建设，促进公司按制度化运行。然而，这个企业什么都没有，有的只是领导的讲话，以及下面各个部门围绕各自计划展开的具体工作。

（2）管理控制与流程优化之间的矛盾

企业需要进行管理提升，Y 企业也知道这点，所以他们进行过各种努力，但结果却是流程越做越复杂。譬如，物业主管向物业经理申请换块地毯，物业经理又向业务管理部申请，再到综合管理部，再到老总审批，再到业务部采购，再到物流运到物业公司，再到物业主管去换……差不多要用一个月时间。企业对流程的理解，或对管理的理解，就是要各负其责，要照顾到各方面的权力。结果管理控制了，完全可以做到国资不流失，但控制过度了，实际上效率就低了。如何在管理控制与流程优化之间平衡，是中小企业常有的困惑。省略了流程，管理控制力就不强了；控制力强了，流程效率就低了。关键就是要平衡好管理控制与流程优化之间的矛盾。

(3) 员工传统职业观与现代职业观的矛盾

员工似乎都有职业化意识，也都希望表现出职业化。譬如许多员工经常讲，大公司如何如何，我们也应该如何如何等。他们也知道上班就应该高效率，也希望高效率，但是却不知如何得到高效率。很多员工一些基本的技能，如沟通能力、计划能力、时间管理等方面，都非常欠缺。于是，在一群职业化水平低的员工渴望职业化的过程中，自然会对别人的行为多几份挑剔，对自己的行为多几份包容。错误总是别人的，成绩总是自己的，都是因为别人没有做好才造成自己没有做好。其实，他们并不是真的有意在推诿，更多的时候，他们坚定地认为自己没错。如果没有职业化意识，按传统的职业观，可能大家都还可以用最朴素的做人道理来做事，但有了职业化意识之后，他们就懂得如何挑别人错了。如果职业技能与职业化意识不能同步，一切反而会更坏。

中小企业普遍存在这样的问题。不同公司的病根可能不一样，如民企，出现这样问题的病根可能在"一股独大"；一般国企，病根可能在于"缺乏治理与制衡"。而在 Y 公司，这些问题与垄断体制之间存在着根本的因果联系。

解决三个矛盾的建议

体制不可能动，工作还得做，我简单地给叶总提了几个建议。

(1) 重新界定组织功能

明晰岗位职责，完善人力资源管理体系，强调结果导向，加强考核，甚至模拟末位淘汰。必要时可逐步建立起企业从战略到行动的完善运营系统，用机制解决问题。所谓模拟末位淘汰，并不是真淘汰，而是给出红黄绿灯式的警示。对于这样的公司，这招有时真灵。

（2）优化流程

对企业常用的管理流程进行优化，删除不增值的环节，补上一些缺失的环节。岗位责任只是静态的，企业更多的要通过一系列流程环节将一组人组织在一起工作，所以界定流程责任有时更为关键。对于这样的公司，简化流程更关键。

（3）加强员工职业技能的培训，教会员工正确地做事

培训，对这样的国企尤为重要。垄断行业，不通过培训改善技能和意识，很容易让一群养尊处优的人更发牢骚，以过日子的方式工作，以工作的方式过日子，那样更麻烦。

对于这架笨重的机器，大家也可以看出，我给出的建议并没有真正大修机器硬件，充其量只是在软件系统上做了些调整。叶总认真地听着记着，然后握手告别，此后再没有联系。我多少有些失落。后来很久以后，收到该公司一个朋友的短信："公司实行模拟末位淘汰制，上面很赏识，老板已升职了。"能往前走就好，我又欣慰了。

红海公司的痛苦转型

——你有多久没到基层工地上去了

阅读思考

1. 传统行业中的传统企业，转型路在何方？
2. 成本升上去后，如何降下来？

A公司是一家非常传统的企业，做着非常传统的业务。用流行的《蓝海战略》一书中的说法，这是一家处于红海中的公司。它的业务虽然不是纯劳动力或手工作坊的那种，但没有什么高科技含量。

但A公司却在红海之中活得很好，虽不能“大富大贵”，但也一直“衣食无忧”。而它能够生存和发展的原因之一就是成本低。为什么它的成本比别人低呢？不是靠技术，也不是靠设备，而是靠严格的生产管理，这一点是老板颇为自豪的。

随着企业的慢慢发展，老板也有了不少积蓄，因为做这项传统业务太累、太苦，所以他开始寻求转型。

这个老板还是有眼光的，在老业务正红火时，他就悄悄开始了与老业务相关但利润更多、技术含量更高的新业务，有点像从红海中走向蓝海的意思。

他投入了巨大的力量进行研发，然而，由于某个不可抗拒的偶然因素，被公司寄予厚望的这项新业务只得暂缓发展。

新业务不能动了，可当老板回过头来关注老业务的时候，却发现老业务的优势也在减少。在公司全力开发新业务时，老板没有像以前一样紧盯老业务，更多的只是根据下属呈上来的报告了解企业发展状况，随着企业中专业化人才的增多，这些报告也越来越专业。

从报告上看，生产成本在大幅提升，据下属汇报，原因既有宏观的，如 CPI 提升等，也有微观的，如技术设备老化、管理提升过慢等等，但总体来看生产成本提升似乎是正常、可控的。本来看那些报告时，老板并没在意，可现在老业务优势减少而新业务还没接上，公司处于难关，他开始担心了。

但老板依然很镇定。他的逻辑很简单，死抠老业务的成本，再把优势拉回来就是了。于是经过认真的思考，他召开了一次员工大会，言明公司现在处于危机中。可惜不是所有老板都有写出《华为的冬天》的任正非那样的感染力，这个老板的鼓动号召没有多大效果。

他讲危机，讲公司的愿景，开一场又一场的干部会、员工会，核心议题最后还是落到了成本上。我也曾应邀参加过这些会议，并观察过与会人员的反应。我清楚地发现，在员工眼里，老板的一言一行有点像演戏，很少有人相信老板的话。私下里，我偶尔会听到员工的议论。很多人认为，所谓的危机只是老板的口头禅而已，每年都在提，并不能真正让人相信。于是在老板“演戏”的时候，这些员工也在“演戏”。每一次谈危机，对有些人就成了表现的机会，他们期待能借此实现升职加薪。就这样，一场场热闹的“戏剧”展开了。会上有慷慨陈词的，有故作沉思的，有写合理化建议书的等等。其中不乏真知灼见者，但有相当多的人其实只是想表达一份热情或展示自己的智慧，并不真正关心所表达的内容。

在讨论成本时，非常有趣。有人提出不是成本优势降低了，而是招投标过程中不可把握的因素太多了。有人认为，是预算问题，因为他们核出的成本价就比对手的报价还要高十多个百分点；还有人干脆说是因为对手们成本更低，对方在不合法经营，譬如某某公司竞标前做的工作够扎实、敢出血等，接着再举出若干个案例。有趣的是，只要把责任推到竞争对手不按规则出牌上，就很容易得到大家甚至老板的认同，随后大家就会纷纷控诉对手如何违法、自己如何合法。说到后来，成本降低一事也就是说说而已，没有得出任何实质性的结论。

话是这样说，可成本该降还得降，否则企业生存就会受到直接影响。市场不相信眼泪，市场经济也只相信市场的逻辑，不相信企业的逻辑。可真要降成本，也是有很大难度的。在老板直接领导时，中标价可以低点，可以在执行合同过程中，通过追加合同条款或收取服务费用等洽商的方式来增加收入。但这需要全心全意地投入其中才能做到。话说回来，老板可以全心投入，但无法通过制度保证员工也能全心投入。理论上能做到，但现实中不行。

虽然讨论并没有什么进展，但老板还是带着员工按自己的方式慢慢推进着。他一次次地压着火，慢慢引导员工思想意识的转变。没办法，就业形势虽然严峻，但拍拍屁股就走人的员工还是大有人在。哪怕在这样艰难的情况下，员工工资也是只能涨不能跌的。否则引起员工的强烈反弹，企业会更加难做。

我一遍遍地告诉老板，要坚持。我坚定地告诉他，这一切都是企业成长中非常正常的现象，谁都得过这一关。如果谁告诉你，他的管理一开始就是井然有序的，那肯定是夸大了。甚至有些大集团管理上也是无序的，只能算一个个头大一点的孩子而已。

说是这样说，但总得找到解决的办法。有一天聊天时候，我无意中问了一句，你有多久没有到基层工地去了？他想了想，说很久很久了，然后愕然地问我，这很重要吗？我说，你去吧，降低成本的办法就在那里。他去了。

当看到工地上大把完好的新焊条被扔得到处都是时，忍不住发了一通脾气。后来他发现，不光现场管理，库房管理、工程预算等很多方面都有问题。看到这些后，他非常兴奋又坚定地告诉我："成本一定可以再挤出十个点，绝对没有问题。"事实上，正如他说的，成本又降下去了。

其实，该企业所谓的低成本优势更多来自于老板自己。他对企业各个环节盯得紧了，成本自然就低了；盯得松了，成本就高起来了。中国很多企业都是这样。

之后有一天，他问我："难道就只有我盯着，企业才能正常运转？"我本来想说："身处红海，你想怎样？"但想想没有说，因为说起来话就长了。

企业是要进化的

——改制后的国企缘何难管

阅读思考

1. 你说战略时，究竟谈的是战略还是期望？

2. 改制后的国企，路在何方？

这是一家说奇怪也不奇怪的公司。

它是一家国企改制时由分离出来的辅业组建的公司，在中国有很多这样的企业。它的正式员工不超过一百人，但业务涉及物业、电子工程、机械、会务（展），还有类似敬老院的公益服务业。员工身份有正式工、劳务合同工、临时工等。工资标准更是五花八门，基本上按原来分离时的标准。譬如从摩托车厂分离出来的员工，现在工资较低，因为没改制时就低；从幼儿园分离出来的员工，现在工资就高，因为原来就高。更为奇怪的是，只有十多人的物业部门，还要成立什么物业子公司，理由是物业本身就是单独的一块业务，当然应该成立子公司。

我们作为咨询顾问来到这家企业。企业先是召开见面会，主要领导与我们见面，介绍了企业的实际情况以及对管理提升的期望；接着是中层以上的干部座谈会，主要探讨一些预先设定的话题，都是开放式的，譬如管理存在的主要问题等；再接着是全体员工大会，算是动员大会。可见，该企业对管理方面是非常重视的。

与中层的座谈会有点意思。老总在的时候，大家话不多，仅仅是非常拘谨地讲两句。老总告诉我，他们的中层就是话少，没想法。后来，老总有事离开了，会场气氛突然活跃起来，这可能是每个组织都会有的现象。中层干部们从战略谈到组织，从领导力谈到执行力，从员工素质谈到国民素质，从国内甚至谈到国外等等，每个人都很健谈。

在座谈中，我们可以看到企业对提升管理的迫切心情。员工希望改变，中层希望改变，高层也需要改变。但是怎么改变？没有人知道，于是希望只是虚无的希望，你怪我，我怪你，多年来就在埋怨中过着如一日的生活。

期间，谈到战略。他们认为公司现在是有战略的，譬如“成为业内一流的公司”。对于这个所谓的战略本身，很少有人去琢磨，譬如，什么是业内一流的公司？一流是一个什么样的概念？一流包括哪些方面的一流，服务、产品、成本还是人力？没有人算过这笔账。不算账的公司不可能成为一流公司。有意思的是，人们在不算账的时候却在炮轰着账目。很多人口若悬河，大谈特谈现在战略存在的问题，但谈到新战略时，几乎没有人有想法，或者只有自相矛盾、自说自话的想法。其实，很多人谈的不是战略，而是期望，或者仅仅是牢骚。

人的巨大惯性可以吞噬一切欲望，最后变得平庸，企业也一样。平凡没有什么，但平庸就不好了，平庸的人会无中生有，平庸的公司也会无中生事。

我问，你们怎样看待自己的公司？认为它是平凡的公司、平庸的公司还是伟大的公司？他们中没有一个人讲自己的公司是伟大的公司，但也不愿说自己的公司是平庸的公司，也不愿承认自己的公司是平凡的公司。他们认为，企业有这样那样的问题很正常。有人还说，那些号称很牛的公司，也未必真那么牛，花几个钱包装出来的而已，不然，它们的工资水平，怎么没有预想中的高呢?

听他们谈话的时候，我不断想起“企业的宿命”这种说法。这家企业——如果能称得上企业的话，是国企改革过程中的典型产物，属于体制转轨时期很常见的怪胎。企业成立的理由，就是主辅分离，将一些与主业不相关的业务统统装进这个框中，成为公司。装进去之后，不能也不愿把这个框推向市场，就依然用体制的奶养活着。他们活得并不快乐，但仍那样活着。如果有命运，那这就是他们注定的生活。

我尽可能跳出与所有人的谈话所带来的片面性、偏执性，从眼前的现实，全方位地对这个企业进行思考。这个企业的人素质不错，收入、住房、福利等也让当地人羡慕。但是这个企业没有真正的战略，组织无序，说是企业却又像是在按政治的方式运作。人事方面，上去（升职）的方式多种多样，一纸任命书，走个程序就搞定了；下去（降职）虽然难，但是靠边站，待遇保留、取消职务的事却时有发生。管理层是在当官，员工是在等机会或者混日子，很少有人在想工作，那些想着工作的人甚至要被嘲笑。这个公司有市场部，但没有市场压力，靠着改制前的主业似乎什么都有了。按照他们的逻辑，凭什么不靠主业呢?主业上市了，拿高工资，剥离了我们，我们能不靠他们吗?

可是不改革又是不可能的。改革是大势所趋，谁也逃不过。但改革又实实在在存在着很多困难。一是人员的观念转变有难度。大锅饭已经吃了许多年，想改不容易。据说公司想实施考勤制度，结果很多人反对，管考勤的人得罪不起人，后来就不了了之。再后来买了个打卡机，但不到一个月，打卡机就被人砸坏了。实施考勤制度都遇到这么大的阻力，可想而知推行其他改革有多难。二是管理基础差、太薄弱。从上到下，很多人对管理的理解还不到位。企业里几乎没有像样的制度。有意思的是，公司虽然连统一的工资制度也没有，但奖金仍然是年年像模像样地按照所谓的制度发。三是利益纠缠多。各方利益纠结在一起，牵一发而动全身。而不断博弈的结果，常常会使组织利益最小化。另外，他们对上市的主业总是心存不平，觉得被抛弃了，但又不敢明确表达出来，只能消极对抗。

这个企业就是改革三十年的企业变化的缩影。国有企业改革虽经历了若干阶段，但实际上都是将企业从计划体制推向市场体制中，从某个并不温暖的怀抱推向血雨腥风的竞争环境中，让它们适者生存、优胜劣汰，借助市场逼企业进化。然而，企业的进化毕竟不是自动的，它需要某种外因的条件诱发内因发挥作用——前提是内因能够被诱发。很多企业的内因难以被诱发，所以状况注定没什么改变。这个过程是艰难的，但也还得继续推动。诱发内因的外因可能是显性的，譬如企业到了山穷水尽的地步，必须置之死地而后生时，某个人站出来一呼百应，然后改革就成了顺理成章的事。太多的中国企业走的是这样的道路，有成有败，未有定规。这个外因也可能是隐性的，譬如温水煮青蛙，大多数人浑然不知。对于隐性的外因，需要有某个先知先觉的人去发现，并能够发出震耳欲聋的声音以唤醒沉睡的心灵。这种人往往下场不好，但又必不可少。遗憾的是，能够发现外因的人不少，但能够发出足够响亮声音的人并不多。国企里有很多人才，他们可以长篇大论企业的发展问题，但是仅限于私下讨论，并不具备推动组织变革的能力。

我又一遍遍地想着这个企业的状况，我说不清老总请我们来的真实目的。他可能是个过客，需要在过客的位置上演好戏，喊两嗓子，让上面听到，然后高升；也可能是真沉下心来想带领这家企业大步发展，像是农人对待干旱土地上那奄奄一息的庄稼一样。他或许真有这样的真诚，但不知他是否有足够的勇气，也不知他是否有这样的慧根。

企业是一个透明的黑匣子

——组织的逻辑到底是什么

阅读思考

1. 你对组织的逻辑是否理解？
2. 组织的逻辑到底是什么？

企业是一个透明的黑匣子——这是我很久以前产生的一个想法。这个想法是在大量阅读各种蝌蚪似的英文文献时产生的，更是在从事管理咨询以及在企业具体工作时逐步清晰的。我首先感觉企业像一台机器，接着产生一个问题，既然都是机器，那为什么会有那么大的业绩差别呢？

为何不同企业业绩不同

这个问题太大了，也正因为太大，所以才给了人们发挥的空间。

对于这个问题，不同的人肯定会有不同的答案，而且在不同时期也会有不同的回答。在国企脱困改制的1990年代末，国企人喜欢用“体制”来解释。那时企业的一切问题，如效率、效益甚至公平问题，都被归因为体制，“没办法，国企的体制就这样”。到了2010年前后，国企重新散发出对人才巨大吸引力的时候，对这个问题，越来越多的人喜欢将之归因为“管理”，“会管理，效益自然会好一些”，“一把手的能力很关键，遇到好领导，一切自然会好一些”。民企对此问题的回答似乎正好与国企相反。在国企困难的时候，民企发展非常迅速，对于为什么企业与企业之间会有差别，人们的回答往往是“民企机制活，管理上放得开”。到了 2010 年前后，国企重新霸气地走上舞台中央的时候，民企常常将一切归因为体制，只是这个时候多少有些无奈的口气。

企业就像是一个透明的黑匣子。说是透明，是因为你到企业里去，能够实实在在地看到厂房、机器、工人、办公楼，能够实实在在地感受到忙碌或清闲的人们，能够看到这个企业大部分场景。说是黑匣子，是因为企业的人、财、物、供、采、销等方面的效率与效果，你能感受得到，但结果背后的东西，你感受不到。

我曾与很多企业不同层级的人员探讨过类似问题，大略算下来，包括咨询过程中的正式与非正式访谈，以及其他时间与有意的探讨，估计超过一万人次了。当然，大家表达意见的方式也是多样的，如有些探讨是以提合理化建议的方式给出，有些是以发牢骚的方式给出，还有些是以思想者的方式给出等等。

但无论以怎样的方式给出，所谈论主题的内容都不外乎体制、机制、管理、定位、品牌、营销、服务、战略、市场、盈利模式、人员素质、生产、设备、技术、领导力、企业文化、政府关系等因素。

黑匣子里到底装着什么？仁者见仁，智者见智。其实，具体装着什么并不重要。对所包含的因素进行科学地概念界定、分类、穷尽等工作，理论工作者都可以完成。对管理实际工作者来说，重要的是，如果包含的要素是零部件，那么这些零部件又是以怎样的逻辑构成这台机器的呢？

或者，每个人都可以有自己所理解的逻辑，难说谁对谁错，正如中国改革的“猫论”，不论黑猫白猫，能逮住老鼠就是好猫。

对组织逻辑的三类理解

据我的观察，对组织逻辑的理解，大约有这几类企业管理者。

第一类是能理解组织的逻辑，但表达不出来。这类管理者，尤其是一把手，不需要去看大堆报告，也不需要听太多汇报，他到公司办公室转一圈、工厂现场转一圈，就能够大致判断公司目前所处的状况，并察觉出组织哪个环节出了问题。这类人占的比重最高，他们不一定能够讲出来大段的理论，但头脑中有对企业的感觉。我曾经对这些人进行观察，也与他们进行过探讨。其中有一次，一个公司老总与我一起从外面回来，我发现他在走廊行走时会不时朝员工工作区回头看。到了他的办公室后，他对我说：“最近管理太乱了，得好好抓抓。”我问为什么，他说：“你看，员工工作都不在状态。”他怎么知道的？就凭走过办公区的那一瞥？是的，就凭那一瞥。很多人，尤其是基层，不理解老总们的那种判断，认为他们是没有逻辑的猜想。事实上真不是这样。

第二类是能理解组织的逻辑，也能够讲出来。这类人往往具有深刻的管理思想，他们不仅仅有着高明的洞察力，也有深厚的理论功底和丰富的实践经验。这类人在企业中不多，往往都成了大家。他们能够准确判断组织内部所处的状态，也能够理解组织所处的环境，并能够找到问题的根源及解决办法。譬如，一位工程公司的老板到工程现场转了一圈之后，发现现场管理混乱，大家都以为他会重点整顿工程管理，没想到他在全公司发表了“企业的顽疾”讲话，号召大家提升战略领导力。他认为公司所有人员应该以战略为导向，尤其要杜绝回扣行为。他将一群中高层聚在一起培训及自我评估，接着纪委人员跟进整顿了一番。他自有一套逻辑，而且这套逻辑能够让全公司上下信服。

第三类人是既没有清晰的逻辑，表达也不清晰。不能说这类人对企业运行没有感觉，他们也有自己的理解，但有些理解更多是基于个人的发展而不是组织的发展，还有些人因为经验缺乏，感觉还未到位。那些基于个人发展的人，相当多的只是唯上，上面讲科学发展观，自己也跟着讲，但是科学发展观如何与企业结合起来他们就不知道了。

组织的逻辑到底是什么

组织的逻辑的确是个复杂问题。有些企业家说，宁愿到外面去抓紧经营，与客户打交道，也不愿在企业内部折腾。内部的事情处理起来没完没了，又没有效益，还累，说白了，就是感觉黑匣子太复杂了，让人无法适从。

那么，组织的逻辑到底是什么呢？没有人能够精确回答出来，理论学者给出的标准答案往往只是一家或某一流派之言。在我的理解中，组织逻辑主要包括以下两点。

一是组织行为现象与本质之间的逻辑。任何行为都不会是无根无据的，必然有其背后的支撑。用组织行为学科的话说，组织行为只是冰山一角，冰山底部还有更丰富的内容。那个到办公室转一圈就能够了解企业状况的老总，实际上就隐含着这样的逻辑。譬如，当看到很多人在电脑前半含微笑眯着眼睛网上聊天的状态出现时，会想到是不是员工工作量不饱满？当看到公司里个人网购的快件越来越多时，会想到是不是员工占用上班时间进行了太多网购行为？进而推测，是不是管理者不能够创造性地理解公司战略意图，所以无法分配给员工更富挑战性的工作？是不是最近市场压力太小，公司士气懈怠了？等等。

二是组织投入与产出之间的逻辑。你想获得，就得投入。企业想获得的无非是利润最大化，或广义地来说是利益相关者的利益最大化。按波特的理论，企业价值链有主价值链与辅助价值链的说法，主价值链主要包括供应、生产、销售，辅助价值链主要包括人力资源、行政支持等环节。按我们中国企业常说的话，叫前台与后台。难点在于前后台如何协同。理解组织投入与产出之间的逻辑，关键就在于形成自己对前后台如何联系的逻辑，有了这种理解，后台在做支持服务的同时，就能做好运用政策对前台的“调控”工作。

理解组织投入与产出之间的逻辑，关键是要理解企业管理各个系统之间如何协同，其中战略管理系统的逻辑最为关键。当企业战略目标出现偏差的时候，有些企业家之所以能够迅速找到从战略到执行中出问题的环节，并及时调整，其根本就在于形成了在投入产出方面的自己的逻辑。

企业是一个透明的黑匣子，但是其中总是由各种不同的部件构成的，部件之间又总是由一定的逻辑组成的。对所构成的部件认识越全面，对部件之间逻辑的把握越清晰，对企业这台机器的操作就会越灵活自如。

企业都有“三好三坏”

——管理者应该知道该做什么

阅读思考

1. 企业会自动自发地变好吗?
2. 管理者到底应该做什么?

我总喜欢周末一个人坐在办公室里，无所事事又若有所思地看向窗外。我喜欢这样的景色：一片开阔地之外是鳞次栉比的高楼，断断续续地直通向远方，像是老家的黄土高坡，似乎总望不到头。在办公室楼下不远处是一条繁忙的马路，隆隆的车声被玻璃隔开后只留下了若有若无的想象。每每这个时候，我都会无来由地想起一些往事。这些往事中，常常伴随着“企业都有三好三坏”的忠告。

在我很小的时候，父亲在乡镇企业办工作。我一直搞不清楚那是个什么性质的单位。当时，家里总是来来往往许多人，其中一些人会与父亲在一起或热切或淡然地谈论有关企业的事情。那时候大约是1980年前后。

他们谈论企业时，说的最多的一句话就是“企业都有三好三坏”，有时也会加上一句“怎么可能不断地好呢?”现在想来，他们的大意就是说企业的效益总有好的时候也有坏的时候。好的时候能好多长，坏的时候能坏多久，很难说清。

你可以想象黄土高坡上几个农民带着厚重的鼻音说这番话的情形。你也可以翻过这节，以避免听我讲一些将生意与运气联系在一起的论点。尽管我当时并不懂那些话的含义，但我清楚地记得那种带着沉思味道的说话场景。

企业为什么有三好三坏呢？当时我也曾像模像样地思考，甚至稍大一些上中学时，还试图写一些解决的思路来破解这一问题。那时，我并不知道国内外有很多学者正在探讨企业成长的理论。

20 世纪 90 年代中期，我大学毕业后进入一家大型国企工作。那个城市有着众多的工厂，其中能够列为“全国第一”的就有十多家，包括我所在的那家。当时正赶上国企脱困阶段，那个城市效益好的工厂没有几家。我所说的“效益好”，是指在保证基本工资的前提下，还能多多少少有点效益奖金。

我迷恋上了经济与管理，经常研读一本本或厚或薄的经济管理类读物。我所在的工厂效益非常差。上班闲时多，管得不算太严，我得以到处走动。我挨个走过我所在工厂的几十个分厂，走过不同的车间，后来也无所事事地到其他大型工厂去看，去找人聊。通过同一批分到厂里的大学生，我总能够在其他工厂找到同样处于试用期的同学，从而有机会直接进入车间与工人师傅聊天。那些工人师傅是真正的师傅，我们这些试用期的大学生是真正的学徒。真实的关系，使我有机会听到更多。

在那种走马观花的走访中，我听到最多的一句话就是“效益嘛，自然有好有坏”。这句话与父亲的话如出一辙。说这话的老工人们，成堆地围在车间的某个角落，或坐在铸件上，或蹲在车床旁，以等待幸福的姿态等着车间主任宣布今天是否有活干。那种等待，就像是农民在干旱的庄稼地里等着下雨，虽然迫切但不绝望。他们承认现实，但就像相信月有阴晴、天有旱涝一样，他们心底深处还有希望。“温水的青蛙”一般，他们的日子一天天地痛苦或快乐地过去了。用现在的话说，那些工人明显缺乏“执行力”。他们往往听到今天不开工的指令后并不走，而会在一起侃一会儿，侃的内容多是企业如何改，或者回忆某个老领导在位时企业的风光。然后，很快就到了下班时刻，工厂大门打开，大家骑着自行车慢慢回家。

我常常凝视着上下班的人群。那时年轻，不能理解为什么人们还在准时进入到潮起潮落的人群中。他们按时进入车间，按时换上油腻的工作装和油黑的白色手套，然后用并不干净的抹布擦着机器，再到某个角落去聊“企业的三好三坏”，然后就是下班。偶尔，车间主任会召集大家开会，宣传一些诸如“减员增效”“今天不努力，明天就下岗”的政策，这些宣传会给人们以更多的谈资。他们似乎有说不完的话，但就是不知道怎样才能有“执行力”。

当然，有活干的时候，主任、班组长会层层宣传，强调这批活如何如何重要，出现质量问题要如何如何扣工资，然后人们开始干活。有两个事情经常让我感到困惑，一个是这些老工人为什么能够如此认真？另一个是，为什么管理学还要一再强调调动工人的积极性？他们的积极性已经够高的了。在那个时候，质量似乎一直是中国企业的通病，而根据主任及班组长的宣传，质量问题主要是工人干活不认真导致的，所以他们采取了重奖重罚的办法。重奖倒不一定能够兑现，重罚的确是动真格的。谁敢重罚，在那时就等同于有魄力。于是，便有干了活的工人师傅却拿不到钱的事情。遇到这种事，他们也只会自认倒霉，虽然常常在背后也会有很多牢骚。这种重奖重罚之类的管理活动长期进行，但却没有多大效果，企业效益也没有好转。当时，很少有人会将企业不好的原因与管理层的责任联系在一起。“企业总有三好三坏”，他们非常宽容地看待自己的企业，以及重奖重罚的管理手段。

管理层的日子似乎也不好过，他们也说“企业总有三好三坏”。一个万人大厂，各个处室、分厂、车间以及车间的每个人，企业的高、中、基层等等，都存在着各自的利益。在复杂利益的博弈中，结局很难达到最佳。不过它却在若干年后带给我一个好处，让我比别人能更快地理解博弈论。就这样，他们在不断的博弈中慢慢由年轻大学生熬到中年干部，再到老干部，最后到离退干部。“企业都有三好三坏，年轻人不能着急”，他们也常常对我说类似的话，我到现在都能记得他们说这话时那种居高临下的姿态。

当然，并不是所有人都认同“企业都有三好三坏”。记得当时有个年轻的副厂长，人很聪明，好像是南方某大学的 MBA。在一次与大学生的座谈中，他说，“如果把这个企业推倒重来，也要比现在管理起来轻松”。他知道，在这些企业里，仅凭一两张通知或规定就想改善现状，那纯粹是做梦。但是对于喜欢做梦的人，在这些企业中总是能够被冠以“改革家”的名声。他对此有些痛恨。我模糊的记忆中，当时似乎问过一句“企业是否都有三好三坏”，他好像愕然地看了我一眼，有些落寞。我隐约记得他当时说了一句：“三好三坏？为什么别人三好三坏之后，企业一天天好起来了，而你没有？”但是细想，又觉得他不可能对我这个新来的大学生员工说这番话。总之，只记得他的态度是否定的。

我不断地走进一个个大型国企，去听去看，去凑热闹，再去琢磨“企业都有三好三坏”的言论。后来，我离开了那个地方。再后来，我还会断断续续听到一些故事。譬如某家企业上市了，火了几年又不行了；某家企业现在效益特别好，行业好得不得了。这时，我会想起那句话——“企业都有三好三坏”，也会想起现在流行的一句话：“潮涨的时候，牛都会飞；潮落的时候，才知道谁没穿内裤。”这是说股市的，但我想对企业管理也适用。管理根本不知自己该做什么时，行业火了，企业似乎也就好了，“牛都会飞”；行业不好时，企业也就坏了，但坏的时候却“不一定知道谁没穿内裤”，“三好三坏”嘛！

股东信任危机是不得不考虑的问题

——股东信任至少包含 4 个方面

阅读思考

1. 股东之间的信任危机是如何产生的？
2. 如何规避股东间的信任危机？

有一段时间，真功夫股东内讧事件引了社会的强烈关注。在真功夫准备上市之际，蔡达标与其前妻潘敏峰、前妻的弟弟潘宇海之间爆发冲突，一时间又是查账又是起诉又是封门，经过媒体起哄之后，更添一番热闹。

对于当事人孰对孰错的争论，虽然现实，但我不甚关心。此类事件非常多，随时可以举出一些例子，只是真功夫的事件太大，闹出来了而已。我所关心的是，股东之间的信任危机是怎样产生的，又该如何规避？

股东之间信任危机的产生

说到资本合作，人们首先想到的可能是“用脚投票”。合不成了，就分。公司制出现以后，资本合作有了制度保障。从法理上看，只要是公司制，法律总是保护资本“用脚投票”的权利。但是，经历过资本合作恩怨的人都知道，最痛苦的往往不是分手，分手带来的损失只是资金数额而已，走向分手的过程才是最痛苦的。这有点像男女之间的恋爱与婚姻，爱与恨并不是一句说掰就掰，更不是一纸文书撕与不撕，而是那个过程中带给人的剪不断、理还乱的情感折磨。用经济学的语言来说，就是每笔交易都是有成本的。因为有了交易成本，所以“用脚投票”说起来容易，但做起来却并不容易。“拔起双腿满脚泥”，分手的过程让你欲哭无泪，虽不至于生不如死，但大好的时间浪费在无谓的争吵上，失去的不仅仅是金钱，还有机会，甚至宿命点说，还有运气。

我的一位博士同学一直在搞股东信任方面的研究。她是一个非常严谨的学者，为了搞清楚股东信任的问题，曾经正式访谈过很多知名企业家。她也曾经非正式访谈过那些有合作创业经历的人。这些人中有合作失败的，也有合作成功的，访谈人数加起来有好几百。她告诉我，几乎九成与她谈过话的人，都认为股东之间曾经出现过信任危机，在最困难的时期有过散伙的念头。很多人表示，业务上的困难往往都不算困难，总能找到办法克服，可是股东之间的信任问题却很难解决，而且有些问题真不是通过沟通就可以解决的。

股东的信任危机可能发生在企业初创阶段，也可能发生在企业成长阶段、成熟阶段甚至没落阶段。股东之间的关系，从不稳定到稳定往往是一个过程。这个过程可能很短，譬如两人或几人一见如故，信任与日俱增，热烈而持久。这种情况是理想的，但肯定极少。大多数股东之间信任的形成都有一个从不稳定到稳定的过程。而在这个过程中，必然会遇到一些坎儿，迈过了就稳定了，迈不过合作关系可能就黄了。这种坎儿，可能在创业初期出现，如第一桶金产生的时候，第一个战略选择出现的时候，第一个变革要发生的时候等等；也可能一直不出现，隐蔽在企业业务快速发展中，隐藏在一致对外与竞争对手你死我活的拼杀中，隐藏在对收获充满期待的过程中。但是它必然会发生，譬如在企业即将上市成为公众公司之前，在企业大举扩张之前，在获得巨大荣誉之前等等重大的时刻。如果股东信任确实存在问题，那么这些问题总有一天会爆发。这种爆发不会因企业业务好坏、规模大小而增减。

信任是一种心理状态。由于牵扯到股东合作层面，涉及利益方面，因此情况复杂得多，也很难考量。不过我始终认为，股东之间信任的度，往往与股东个人的心理感受之间存在偏差，也就是你感觉到的信任未必是真的信任。譬如两个人由于有同学、同事或发小的关系，刚开始的时候，似乎彼此信任程度非常高，但那种信任只涉及情感方面，一旦涉及了其他，如战略思维等方面，彼此可能互不认同，信任程度同时会降低。最初的火热只是表象，真实情况是，如果股东信任由若干碗水组成的话，他们最初只体验到了其中一碗水的热度，而忽视了其他碗水的冰冷。换句话说，坎儿还在那里，只是你没有看到而已。但只要坎儿在那里，你迟早会遇到的。

股东之间信任的构成

在与博士同学探讨的过程中，我一直思考股东信任会有哪些方面。博士同学在进行深入的文献研究、科学的案例编码解码时，也与各行各业有过创业经验的朋友有意无意地讨论过。受博士同学的启发，我粗略地估计股东之间的信任至少包含着以下几个方面。这些方面可能不全，但是都很重要。

（1）价值观判断

同学、同事或发小等关系，省略了价值判断的时间成本，经过若干年的接触，他们更容易相互认同。任何股东间的合作，往往首先会对合作方进行判断，也就是按照各自的价值观，对合作方的“人”进行价值判断，即是否认可这个人。不认可人，可能与之做一两单的生意，但是很难在一起做股东。即便是现在利益导向的时代，合作时往往也是首先看人。价值观判断后，对合作方评价的高低，是股东信任的最基本部分。

（2）战略思维

我们常常见到这样的合作方：两个或几个人一拍即合、相逢恨晚，马上携手并进，投入到火热的奋斗之中。股东合作中的志同道合的“道”，很大程度上体现的就是战略思维。道不同，不相为谋。在现实生活中，虽说对于不同可以求同存异，但问题是，往往存异难求同。譬如一个股东认为公司应该扑向互联网，一个则认为应当杀向房地产，还有一个则认为坚守主业为正道。不同的战略思维会导致整合公司资源的组合方式不同，必然存在分歧。分歧如果再涉及到个人利益，上升到情感冲突等方面，信任程度降低是必然的，甚至公司会黄掉。战略理论认为，战略思维主要有两种，一种是外向思维，一种是内向思维。外向思维强调捕捉机会，市面上流行的各种规划、定位之类的书籍，多是描述此种类型。内向思维强调有同行没同利，主张耐心把自己的事情做好，市面上的核心竞争力之类的书籍就奉行这种观点。两种思维都没有错，但如果股东之间战略思维不一致又不能求同存异，事情往往就复杂了。

（3）利益逻辑

每个人都有自己的利益逻辑。利益逻辑不是利益，虽然利益似乎更重要，但引起冲突的往往是计算利益的推理演算方式，而不是利益本身。“根本不是几万块钱的事，关键是他那种做法太不地道”，这句话经常有人说。说这话的人也未必是在撒谎。当年秋菊打官司时，要的就是一个说法。说法是什么？说法就是道理。当感觉对方没有道理的时候，就非常想要说法。可问题在于，很多时候双方都认为自己有道理，因为其计算利益的方法不一样。对于利益，不同人有不同的逻辑，这种利益可以是物质上的，也可以是精神上的。譬如，一个公司赚了钱要分配，有人加入公司早，可后期基本跟不上公司的步伐，有人加入得晚，股份明显少得多。这时候，利益逻辑问题就会产生。有人说，“有些股东，就最初投了那么一点钱，后来什么事也做不了，分配的时候还要那么坚持，太差劲，股权得调整”，他是从贡献角度讲，其逻辑是，贡献多就多得，贡献少就少得。有人反驳，“同股同利是法律规定，股权不是说调整就可随便调整的”，他是从法理角度讲的，私有财产神圣不可侵犯，也有道理。如果再有人从情感逻辑出发，把自己当初创业时如何忍辱负重、关键时候如何力拔山兮讲出来，过河拆桥的判断也就会得出来。利益逻辑的不同，常常使股东的信任危机浮出水面。

（4）合作规则

在股东合作中，规则是承诺。这就像两个关系很好的人，我很信任你的为人，与你也志同道合，绝对相信你不会亏待我，但是大家这么合作着，总得有个规则吧？我能得到多少，总该有个预期吧？规则相当于承诺，相当于定心丸。一位有过多次创业经验的人说，规则还是要明确的。不明确，往往是因为不会明确，而不是不必明确。不会明确多是因为对公司制度中的股东合作规律缺乏深刻认识。他很遗憾地说，以前很多时候股东之间打架，大家重新研究当初制定的规则，发现那些规则要么是模糊的，要么有人故意模糊地理解。在合同意识越来越普及的今天，很多人都能够认识到清晰规则对信任的作用，但是未必懂得如何科学地制定规则。就规则层面来说，除了利益规则之外，股东行为管理规则也非常重要。股东管理与公司管理之间仅凭基本的治理制度安排是不行的，还需要对各种行为进行有效管理。譬如哪些事该小股东插手，哪些事不该小股东插手，小股东如何行使自己的权利等等，单靠简单的公司章程以及千篇一律的股东会议事制度等是无法解决问题的。这种规则还是早定的好。

再论预防股东信任危机的重要性

在与企业交流过程中，我经常讲的一句话是：股东合作时，合的时候重点不是说赚了钱怎么办，而是要谈不合的时候该怎么办，该如何理性退出。结婚的时候就谈离婚，似乎有些不吉利，但又是最为需要的。因为股东合作首先是利益的合作，而不是情感的合作。如果没有一个理性的退出通道，大家又不好意思摆在桌面上谈退出，那必然就是先暗中较劲再明着较劲了。

股东信任问题，很多时候在股东合作那刻就决定了。如果企业有命运，那也在那一刻就决定了。现在的社会是合作的社会，单靠一家人自己打拼似乎已经不行了，何况一家人作股东也存在信任问题。不合作等死，合作意味着你不是大股东就是小股东。一股独大，往往不利于企业发展，但股权过于分散也不利于企业稳定，而一半对一半的股权结构，股东信任危机迟早会爆发。

股东信任危机，直接影响公司生死存亡的危机，是企业不得不考虑的问题。

企业到底是谁的

——从国美控制权之争谈开去

阅读思考

1. 企业到底是谁的？
2. 控制权是由谁决定的？

黄光裕与陈晓之间关于控制权的争夺，期间每一点进展都引起了媒体浓厚的兴趣。黄光裕入狱后，国美在陈晓带领下进行了一系列变革。据说国美的发展战略从黄时代的以攻城略地占地盘为主，转变成了关停并转集中精做。简单地理解，原来在黄时代，国美是以快开店、多开店为主导的，到了陈时代，国美是以关掉不赚钱的店、做精能赚钱的店为主导的。一个开店，一个关店，这就有了矛盾。据说陈的战略引起了黄的强烈不满，又据说更令黄感到不满或不安的是，国美引进贝恩资本之后，可转债随时有可能威胁黄对国美的控制权。虽然以上都是据说，但是黄与陈之间的大战却是不争的事实，以至于最后弄到全民关注，“股东投票”公决，有点古代欧洲两个男人决斗的意思。

两个人谁对谁错，一时很难断定。每个人都可凭自己的利益逻辑去推理演算，甚至纯粹从投资收益角度拿已知的数据去核算双方的利益。任何故事背后都隐藏着外人无法知道的真相。真相到底如何并不重要，重要的是，企业往往经不起这样的折腾。控制权之争，在很多时候，对企业都是致命的。国美之所以折腾完之后仍风光依旧，只能说与国美厚重的积淀有关。并不是所有企业都有这样的造化，能有这样的福气。

控制权争夺的实质

在我看来，控制权争夺其实是在争论一个问题："企业到底是谁的?"弄清楚这个问题之后，才好判断到底谁越位了。但是难就难在，不好说清企业到底是谁的。有人认为企业是股东的，股东财产神圣不可侵犯。黄光裕辛苦创建国美，天下人都知道国美是黄光裕的，陈晓则被看作是打工者夺权。也有人认为企业不是股东的，而是公司法人的，法人财产权神圣不可侵犯，董事会地位不可撼动。别管你是大股东还是小股东，都无权侵犯公司。一定要问企业是谁的，那就是所有利益相关者的，不是你黄光裕的。陈晓可以看作是为保护公司利益而与大股东斗争的勇士。

在黄陈之战被外界讨论得最热烈的时候，《经济观察报》用了"要帝制，还是要共和"来概念化这个事件。记者们的概括能力真比学者强多了。一个人白手起家，打造了一个企业帝国，就成了国王，这个企业就是他的，这就是帝制。如果自己创建了企业，企业归全体利益相关者所有，自己只享受股东依法享有的权利，那可能就是记者所说的共和吧。不过，帝制和共和，多少给人以价值判断的先验感觉，好与坏、先进与落后，在问题设置中就预设了答案。题目还是不够中立。事实上，谁能说股东控制就比非股东控制更好或更坏呢？黄就认为，陈的经营策略让企业落后了，而陈却认为自己的经营策略让企业更好了。

估计在中国企业老板群体里做个调查，支持黄的可能要多。因为那些已经创业成功或正在创业或正想创业的人会坚定地认为，自己辛辛苦苦地将生意做起来，企业当然是自己的。最好的方式就是，自己退后，二代们能够顺利接班。这有错吗？当然没有错。可是现实中，却往往不是这么一回事，因为还有人会不断思考“企业到底是谁的”这个问题。譬如，二代顺利接班了，先不谈融资稀释股权的事，就说假如二代经营能力有限，或者说二代经营能力与企业的发展不合拍，职业经理人对公司的贡献远远大过二代，你给股权不给？若不给，将意味着有一些人会自己拉一帮人出去单干；你给股权，那好吧，有了开头，慢慢地就会有后来的故事。随着股权的释放，总有一天会面临控制权的问题。

一般人的理解中，控制权是由股权决定的。事实上，很多时候，控制权说到底是由对公司价值最大的人决定的。极端一点说，控股只是从法律意义上来说的，如果对公司没有价值，内部人控制只是迟早的事情。并不是所有的富二代，都有刘禅的运气，能遇到鞠躬尽瘁的诸葛亮。控制权旁落之后，股权的意义也自然会打折，甚至会不得不转让股权。在现代社会，当企业是一个资本组合的产物时，不同资本在一起进行博弈，又与经理人进行博弈，没有价值的人迟早会被淘汰。市场竞争的规律，同样适合于股东之间、股东与经理人之间。这是个亘古不变的道理。

如何看待控制权之争

如何看待控制权之争？我的观点是，就当它是一个常态吧。我们只能正视它，不能回避它。从理论上来说似乎很简单，股东、董事会、监事会以及经理层各自在法律框架下活动就行，但是到现实中，问题就复杂了。站在不同立场，人们会对这个问题有不同的答案。不过有一点可以肯定，随着中国企业的不断发展，控制权之争只是个开始，后面还会有更为复杂的争夺上演。尤其是在合作成为潮流、职业经理人队伍越来越大时，仅靠道德是无法约束经理人和股东的，只要有利益，只要有机会，终有人会铤而走险。大股东会侵占公司利益，职业经理人会向股东摊牌或实际控制公司，将不会是偶然发生的事件。

管理学最讲究的是权变。没有一成不变的道理。对于控制权之争，你可以灵活选择策略。不管是选“帝制”还是选“共和”，任何一种选择都意味着放弃，有得必有失。选择“帝制”，你可能必须得放弃用股权来玩以小搏大的游戏。近些年来，很多企业在一轮又一轮股权融资中迅速做大，打造了一个又一个庞大的商业帝国。当然，你也不必承担以小搏大的风险，多少企业家玩过火了，控制权旁落不说，企业也生死未卜。选择“共和”，在吸纳更多人才与资本的同时，你可能必须放弃江山万年的奢望，甚至还要承担作为创始人被资本赶出“家门”的无奈。尤其是上市成为公众公司后，企业不是谁家后院，掌门人继承也不是你想指定谁就是谁，甚至如果你不够幸运的话，很可能你在前面种树，后来发现摘桃子的事情与自己无关了。这些年，互联网公司融资融到最后，把自己融出去的事例也不少。乔布斯很令人推崇，他不也曾经被迫离开自己一手缔造的苹果吗？

坚持一条自己的道，走“帝制”或走“共和”都能踏实。你不可能既想要帝制的威严，又想有共和的民主。我与一位企业老板聊到这点时，他非常警惕地说：“这事的确非常严重。”他这个典型的创业者，也是典型的“帝制”坚持者。他从不掩饰自己的观点，甚至有次面对电视镜头，谈到他的融资策略时，他也非常认真地说，我融资非常谨慎，因为我对股权看得非常重。最初注册公司的时候，他用的是他与弟弟两个人的身份证，弟弟只是象征性地占点股权，少得可怜。他甚至没有用他夫人以及他儿子的。后来企业逐步发展壮大了，对那些随自己创业的伙伴们，他非常舍得发钱，奖金、红包什么都可以，就是不愿放股权。他一直坚守着这个道，虽然中间也遇到过创业伙伴拉一帮人出去单干的情况，但公司一直未伤元气，运转得也很好。“到了儿子手上以后怎么办，的确是个难题，走一步看一步吧。”他自己这样说。认准了选择的道，就要踏实地走下去。

说到这里，我想起了华为的任正非。记得一本书中曾这样记述过任正非。在华为只有几百人时，他曾与柳传志讨论经营之道。几百人的华为，在深圳只是一家普通的科技公司而已，联想当时已如日中天。谈到股权激励时，任正非讲他并不在意股权多少，他在华为的股权可以只占百分之一。柳传志问，仅占有这么点股权，你控制不了公司怎么办？任说，控制不了公司，就说明我对公司没有价值了。对于非上市公司，有几个企业创始人，敢把股权降低到百分之一？能说这样的话，该有怎样的魄力啊！一个企业家能有这样的魄力去讲，也能有这样的魄力去做，他经营的企业注定会做大。当然这是任正非，这种魄力也不是每个人都有的。

企业到底是谁的？将会有越来越多的企业受到这样的拷问。具体到个案上，控制权之争往往都是资本的较量，但从更长期的角度来说，你有什么样的选择就有什么样的结果。同样的，你有什么样的性格，就应做什么样的选择。如果有任正非的气魄，哪怕只占百分之一的股权，企业的控制权也在你手上。

不要背叛自己的企业

——企业的风格应相对稳定

阅读思考

1. 为什么背叛自己的企业很可怕？
2. 不诚信会导致企业命运改变？

A企业曾经是行业的后起之秀，发展速度非常快。快速发展的原因之一，据说是老板特别会处理关系，“各种关系处理得都比较好”。与行业里的其他企业一样，A 企业偶尔也陪陪标。陪标在这个行业或这个社会都是公开的秘密，尤其是招标制度越来越普及的时候，仅仅搞掂关键人物还不够，还得走阳光程序，阳光程序一般只有阳光，没有风险。可这次，在帮别人陪标的时候，A 企业突然拆台，投的价格明显低于事先约定的价格，而且还做了一些别的工作，结果本来是陪标的，阳光程序之后，自己“阳光”了，中了标。这让同行感到非常不解，也让客户单位负责操作的人员一时被动。大家都很奇怪，A 老板向来是中规中矩的“实在人”啊，怎么这次突然“变异”了呢？

聊起这件事的时候，有人开玩笑猜测说，可能 A 老板在决策的某个瞬间某根神经突然有了毛病。沿着这个话题，大家慢慢聊到了企业诚信方面。大家都认为，企业的经营诚信非常重要。潜规则是可怕的，对于行业的潜规则，我们可以不参与或尽可能少参与，但是绝对没必要以身试法，用企业的前途去轻易挑战它。办企业最关键的是活着，而不是像年少轻狂的书生那样理想主义。一旦在行业里留下不诚信的印象，那不论你以前显得多么高尚，都得付出代价。

再说 A 企业。中标之后，那个项目做得并不顺利，甲方配合得也不好，回款很是艰难，最终没赚多少甚至可能还赔了。这些都是次要的，关键是自那件事情之后，A 企业诸事不顺，投标屡投不中，关键员工频频跳槽，经营明显走下坡路。当然 A 企业走下坡路的原因可能未必与那次投标有直接的关系，然而业内在议论这家企业的时候，都自然不自然地将其命运的变化与那次投标连在了一起。大家都认为，那次不诚信事件是 A 企业命运变糟的拐点。

不诚信会导致企业命运转变？这的确有些意思。从长远看，诚信的确能够促进企业的发展，但从短期来看，有那么邪乎吗？我不断思考着这个话题。最后我得出结论，不诚信是 A 公司走下坡路的原因可能没错，但是，如果说不诚信导致了 A 企业产生命运拐点的话，那么背叛行业可能并不是最严重的，最严重的是这家企业背叛了自己。

背叛别人并不可怕，可怕的是背叛自己。背叛自己是什么？背叛自己的文化，背叛自己的经营模式，背叛自己的风格。在企业法人世界里，每个企业都有独特的经营模式以及文化。在多样化的社会中，任何文化、模式、风格只要能够生存就有其存在的理由。关键是企业的文化风格要有相对的稳定性，如此才可能生存得更稳定。华为和中兴是两种风格，华为是狼文化，中兴是牛文化，都可以生存得很好。曾经流传着这样的故事，中兴的国外客户到机场了，结果让捷足先登的华为营销人员接走了，气得中兴大骂华为是“狼”。狼文化成就了华为。中兴的“牛”文化也得到了社会的认可。换个角度，如果某天华为突然不“狼”了，变成了牛，或者某天中兴突然像“狼”一样，它们的客户、供应商、同行会怎么应对？前文提到的 A 企业，陪标却自己中标，这种结果令同行感到惊讶，就像乖乖女突然放荡起来，让人觉得陌生。我们再换个角度，如果 A 企业自始至终都是抢标的风格，那出现这种事后大家会怎样反应呢？大家不会感到惊讶，也谈不上责难。麻烦就在于它突然改变了自己的风格，让人一时难以接受。

背叛自己引起的最大麻烦是给企业内部带来困惑。它背叛了自己的行事方式后，需要给员工一个交代，否则员工尤其是与客户打交道多的员工，会感到非常不安。当他们面对同行、客户、供应商，而那些同行、客户、供应商可能是自己曾经的同学、朋友甚至是同事，他们会感到羞愧，感到没法解释。而且，像这样出尔反尔，以后谁还会再相信老板的承诺、公司的政策呢？总之，变化带给内部的会是各种不适应。再举个反面例子。假定 B 企业过去从来都不陪标，而是拼命与别人竞争，那么如果有一次，老板突然说要陪标，下面的员工会是什么反应？营销经理可能气得拍桌子，认为让自己没法带队伍了；投标部制作标书时可能无从下手……所以很多时候，老板要做的事情就是给大家一个合理的解释，以打消企业内部的困惑。

企业要做到内部有序，必然要在内部倡导诚信。当内部的诚信理念与对外的行为发生矛盾时，这个企业的根就会动摇。动摇的根，需要企业领导花费很大的精力去夯实。动摇与夯实，或者说文化先变化再固化，就是理念改革的重要过程。当一个企业对外的行为变化太大，明显地不诚信，严重伤及企业的根时，这个企业的根就有可能会腐烂。根烂了，企业命运转折也就是必然了。

企业背叛自己的情况并不少见。我曾经接触过一位老板，在企业艰苦的时候，他一再号召市场开拓人员有事业心，不要以物质为主，要以精神为主，不能只看眼前为主，要着眼未来。后来企业渡过了难关，市场份额扩大了，计算营销提成的时候，他却非常聪明地发明了一个词，叫作市场自然增长率，也就是没有你们营销人员市场也可能会按惯性自然增长的幅度。他一反常态，把钱袋子看得特紧，结果一时间培养出若干个竞争对手，稍有能力的营销人员都跑出去单干了。

背叛自己的程度有轻有重。程度轻的时候，人们最多感到不舒服，但也能够容忍，企业会受点影响，但未必会被觉察。程度重的时候，冲破了人们容忍的底线，则不仅相关人员会爆发，企业也会受到重大影响，甚至出现命运的拐点。

所以我说，A 企业对其他企业的出尔反尔，对其他企业的明显不诚信，背叛的不仅仅是别人，更是自己。而背叛自己，很可能会落得众叛亲离的下场。

民营企业成长中的三大瓶颈

——市场、成本和治理

阅读思考

1. 为什么小企业也会有大企业病？
2. 为什么管理不能追求所谓的“高水平”？

近年来，尽管我国民营企业群体规模不断扩大，但它们的平均寿命并不长。一些经过物竞天择活下来的企业，从生存进化到发展再进化到成熟，依然不是一件自然而然的事情。其间会遇到一些瓶颈，即在不同阶段、不同条件下所存在的主要矛盾。只有人为地、有意识地推动企业突破这些瓶颈，不断增加和保持其适应能力，企业才有可能进化。否则，规模再大也只是个草创企业，时间再长也不会成为“百年老店”。

第一个瓶颈：嵌入反应导致的市场瓶颈

市场瓶颈是企业成长过程中所遇到的最常见瓶颈。所谓嵌入反应，是指企业在真正嵌入到商业社会时，都要面临被认识、被认同、被接纳的过程。这一过程充满复杂性，包含的因素非常多，不是商学院教科书所能穷尽的。

任何一个小小的被忽视的因素，都可能导致企业的努力付之东流。

嵌入反应在创业阶段表现得最为明显。在这个时期，不论企业产品如何满足了市场的差异化需求，技术如何代表了创新潮流，创业团队的历史如何辉煌，由于商业世界运行的巨大惯性，新企业嵌入到目标市场时都会遇到强大排斥力。可是恰好在这个阶段，企业所面临的外部环境非常复杂。内部相对简单的创业企业，面对外部相对复杂的环境，规避外部风险的能力将会明显不足。任何一个小小的市场风险，都可能让企业面临生死存亡。

嵌入反应在企业成长的其他阶段表现得更为隐蔽，也更为复杂。在企业成长的任何阶段，只要存在向新业务、新领域、新地域等的扩张行为，也就必然会遭遇到嵌入反应所形成的市场瓶颈。事实上，任何扩张都相当于是广义的创业。只是这种意义上的创业，不仅仅会遭遇到社会惯性所产生的排斥力，更会遭遇企业自身惯性所形成的排斥力，而且后者更为可怕。

人们常常会通过科学的分析选择嵌入目标，并可能会非常科学地预测到投入产出，但是却大多缺乏对嵌入反应的直觉判断与理性分析。由于存在嵌入反应所形成的市场瓶颈，许多创业企业很难融入到企业法人大世界中，成活机率大大降低。这也使得许多再次创业的企业在原地徘徊，固守原有业务而不能迅速发展，也使得许多大型企业陷入盲目多元化的泥潭不能自拔。

第二个瓶颈：非契合管理导致的成本瓶颈

非契合管理所形成的成本瓶颈，主要是指由于内部管理水平与企业发展之间不匹配时所产生的成本。就单个企业而言，适合企业实际的管理就是最好的管理。这种适合，不仅仅指管理模式与企业实际相吻合，还包括具体管理措施与实施时间、实施对象、实施情景之间的吻合，也包括与其他管理措施之间的吻合。

从我国民营企业的实践来看，非契合管理主要有两种表现形式。

一是整体管理滞后于企业的发展。这在企业成长期尤其常见。在企业规模不断扩大、生存期的痛苦似乎正逐步远去的时候，内部管理成本会不断增加。创业阶段忽视内部管理的后患，会在这一阶段逐步显现出来。表现出的主要特征就是创业激情消退，出现组织层级混乱、责任不清、流程复杂、命令链失效、相互推诿等现象。

二是局部管理水平参差不齐，缺乏整体协同。许多企业认识到了管理的重要性，但是对于管理的提升却不会进行系统思考。在进行单项管理改革的时候，盲目追求所谓的高水平而忽视其他管理方面的匹配性，造成局部管理冲突。譬如有些企业进行绩效考核改革，在管理基础还相当薄弱的时候，就盲目运用平衡计分卡作为战略绩效管理的工具，结果由于相关的管理工作跟不上，改革只能告败。这种局部管理冲突对企业产生的危害非常大，也非常隐蔽，因为局部管理的变革者或反对者都有支持或反对的理由，而整个企业由于相互冲突的非系统性的管理行动，致使运行效率迅速降低，成本迅速增长。

企业之所以存在，从经济学角度就是因其内部交易成本小于市场交易成本。这两个交易成本决定了企业的边界。在内部交易成本不断上升时，企业存在的价值实际上也在不断降低，换句话说，企业面临的风险也在不断增长。如果不能够突破由于非契合管理所形成的成本瓶颈，小企业出现大企业病是必然的，大企业某一天突然倒塌也不会是偶然事件。

第三个瓶颈：忽视法人治理建设导致的治理瓶颈

许多人认为，民营企业的产权是清晰的，并不会存在治理问题。实际上，这种理解是错误的。许多民营企业产权虽然清晰，但是没有建立起科学的法人治理结构，同样存在着阻碍公司发展的瓶颈。产权只是一个基础，为了建立起现代企业制度，还必须在此基础上进行相应的治理建设。

从我国民营企业实践来看，治理瓶颈最常见的表现形式就是创业伙伴“分裂”引起的企业地震。创业合作伙伴的每次分裂都会引发企业人、财、物、市场的大变动，这样一批又一批小企业诞生。另外，占民营企业很大比例的家族企业的第二代能否顺利接班，也与企业治理体系建设的水平密切相关。若企业拥有完善的治理体系，则在此治理体系中，权力的传递会依照企业的规则平稳进行，对企业的发展会更加有利；而若治理体系不完善，权力的传递就会受到许多不可控因素的影响，如第二代的经营能力、第二代与元老派之间的关系等，企业未来发展就会存在很大的风险。譬如，南方许多家族企业权力交替后，接班的第二代兄弟姐妹分家造成企业人为分裂，或者第二代疏于经营造成企业发展困难等现象，无不与治理体系的不完善有着重要关系。

民营企业成长中需处理好三大平衡

——激情 VS 理性、经验 VS 制度、治理 VS 发展

阅读思考

1. 如何把握经验管理与制度管理之间的平衡?
2. 公司治理的核心是什么?

民营企业成长中常会遇到市场瓶颈、成本瓶颈和治理瓶颈，这三大瓶颈往往与企业成长的阶段，即创业、成长、成熟的生命周期相对应。瓶颈是企业必然要经历的，并不会因企业的成长（如规模扩大、效益提升）而避免。凡是此刻没有突破的瓶颈，必然会在未来某一时刻成为影响企业生存与发展的重要因素。

要突破三大瓶颈，就需要处理好三大平衡。

第一个平衡：创业激情与战略理性的平衡

在突破由于嵌入反应所形成的市场瓶颈时，要保持创业激情，也不能否认战略理性的重要性。战略理性要求企业家必须对纷繁的世界做出自己的判断，选择自己的发展道路。只有不断试错，才能不断强化战略感悟力。战略

理性是每一家企业必须学会的技能。这一技能首先由关键人物掌握，并逐步为整个组织所掌握，企业才可能真正成长。用过分扩大的激情来面对不断加剧的外部环境的变化，而忽视战略理性的重要，这样的企业不论规模多大，都还处于“运气型”阶段，风险规避能力较低。

第二个平衡：经验管理与制度管理的平衡

制度化是每家企业追求的理想境界，但也有许多企业为制度化付出了高昂的代价。从人为化到制度化的过程中，流程过于烦琐、文本主义盛行；官僚主义滋生、本位主义严重；逐利主义产生，创业激情减弱；本位思想严重，推诿扯皮加剧等等。这些问题的产生，使人们对制度化缺乏信心。

这就要求企业发展的关键人物必须把握经验管理与制度管理之间的平衡。制度管理效率提升的关键在于与企业发展的实际状况相吻合。对制度化信心降低源于对制度化期望过高，以及对自己实际判断的失误。制度化的过程不可能一蹴而就，它要求企业从最关键、最紧迫的事件开始，由低到高并渐进而行。海尔当年规定“车间里不准随地大小便”，现在看来水平极低，但在当时的确适合海尔的实际。在那个时候，海尔不必也不可能制定非常复杂的绩效考核制度。现在有些企业，企图一夜之间整合一大堆制度，一下子完成制度化改造，完成不了就抱怨“执行力不够”，这实际上是对管理的误读。

制度管理在与经验管理的平衡中要不断加大比重，当然需要付出成本。付出成本必然要求获得收益，这一过程必须又要在强制性基础上实现自我突破。先固化，定下来的事情必须执行，而固化的前提就是根据企业实际解决关键的、紧迫的问题。固化之后再优化，优化之后再固化，之后再优化，如此便可逐步形成企业文化。

第三个平衡：公司治理与企业发展的平衡

建立一个科学的治理结构，是每个企业必须考虑的重要问题，因为它决定着企业能走多远。但是在企业发展的不同阶段，最佳治理效率所对应的结构可能不一样。在仅有三五个人的创业阶段，股权激励的作用可能非常微小。但是当企业规模逐步扩大时，没有合适的股权激励制度，可能导致企业发展面临新的瓶颈。在企业规模较小的时候，股东会、董事会、经理办公会，一套班子完全可以，但当企业规模大增时，就有必要根据现代企业管理制度进行治理结构的建设。在一些家族企业，上述三会可能直接由一家人在家庭聚会时就召开了，或者由有创业伙伴参加的朋友聚会上就解决了，表面看似效率很高，但要防止“富不过三代”的陷阱。资本的社会化是一个必然趋势，法人治理结构的建设非常紧迫。

有效的治理机制，是公司治理的核心。它不是为了制衡而制衡，也不是简单地进行股权分散或期权、期股激励，而是为了保证公司能够科学决策而进行的制度安排与设计。这种制度安排与设计的关键在于要适应企业的发展，过于繁琐或简化、过于超前或落后都不合理。在实践中，一些民营企业建立了法人治理结构，但决策程序太复杂，小企业却得了大企业病；一些民营企业将法人治理机构简单化，决策质量太低，同样影响了公司的发展；有些企业过于超前，实行股权分散及各种期权、期股激励，但脱离了企业实际，激励对象不当，非但未起到激励作用，还压制了真正人才的流入；一些企业一股独大，已经影响了企业发展，骨干员工纷纷离开，老板还抱定股权不放松……结合企业的实际情况，吸收现代公司治理理论与实践经验，进行科学的公司治理机制建设才是上策。

民营企业成长是一个复杂而艰难的过程，复杂性体现在影响其成长的因素多种多样，艰难性体现在许多影响因素对企业的发展往往又是致命的。在这一过程中，民营企业需要密切关注企业成长中的瓶颈问题，根据环境的变化灵活地应对，主动不断突破这些瓶颈，倾心打造核心竞争力，促使企业在可持续发展的轨道上稳步成长。

民营企业成长的烦恼

——三个绕不开的发展难题

阅读思考

1. 如何解决扩张冲动与运作能力之间的矛盾？
2. 如何解决规模扩大与成本控制能力不足之间的矛盾？

像任何一家成长中的民企一样，B 企业有很多成长的烦恼。

B 企业是 1992 年邓小平南方讲话发表之后成立的。像所有那个时代的企业一样，它迎着改革的春风，迅速发展起来。成立之初主要是给国企做一些外协活，也就是国企外包出去的配件之类。在国企脱困最困难的 1998 年前后，B 企业慢慢有了规模，打开了属于自己的市场。之后，B 企业就不紧不慢地成长着。虽说身边不时有同时期的企业融资了、上市了、做大了，也不时有企业突然间就垮掉了，B 企业还是不紧不慢地生存着。在外人看来，B 企业一直都是风调雨顺、稳稳当当的，但笔者与董事长深聊时却发现，其实有很多困惑一直困扰着她。

烦恼之一：业务扩张冲动与运作能力之间的矛盾

随着企业规模的扩大，品牌市场认知度的提高，尤其是个人在当地的知名度提高后，业务扩张的冲动时不时会出现。可冲动之后，再回头看看日益严峻的市场形势，又不得不把冲动压回去。市场机会好像越来越多，但是真正落到自己手中的却并不多，传说中的订单井喷现象更是与自己无缘，甚至还有很多十拿九稳的订单也在流失。更可气的是，由于忙，很多订单丢失之后自己根本不知道，也没有人来告诉自己。

在企业尤其是中小企业中，这种情况或许平常。在公司规模小的时候，老板与业务员的角色常常重叠。老板就是业务员，降不降价、让不让利，老板会迅速拍板，决策是快捷的。但随着规模扩大及公司层级的增多，老板不可能事必躬亲了，一些市场的决策权只能放下去，放到市场总监、经理及业务员手上。这样公司是越来越正规了，但决策效果却不由自己把控了。有时候，老板恨不得亲自披挂上阵，但往往又身不由己、无可奈何。

仅从市场角度来说，扩张冲动与运作能力之间的矛盾本质上是因为企业缺乏完整的市场管理机制支撑。扩张冲动往往受外界环境诱惑产生。随着老板个人越来越成功，外界的许多诱惑会送上门来。而运作能力则是企业的，是企业中战略、组织、岗位、人员、流程等各种管理要素匹配的结果。这种能力是实事求是的，你不付出努力去打造，它绝对不会自动自发地成长。运作能力不足以支撑扩张的冲动时，市场机会自然不可能转化为财富。

烦恼之二：规模扩大与成本控制能力不足之间的矛盾

订单量大了，原来生产能力跟不上，就再投资，上设备、增人员，就这样，慢慢生产规模上去了。看着自己企业的生产规模一天天扩大，一排排整齐的厂房，一个个井然有序的生产基地，进进出出的车辆，也许企业家会时不时产生一些自豪感，尤其是有领导、同行、朋友来参观的时候。可是，B企业的董事长却忧心忡忡地对我说，每次热闹之后，自己都有一丝丝担忧，因为规模虽大了利润率却并没有随之增加，甚至有所降低。她总感到其中存在着什么问题。

一般来说，规模生产意味着成本降低。即产量大了，成本通常会降下来。但这个结论未必在任何条件下都正确。首先，规模不是越大越好，规模增加到某个最优点以后，若再增加成本会不降反升。这就需要企业能够了解自己的成本。遗憾的是，很多企业并不清楚自己的成本到底是多少，最优规模是多少，最优规模对应的最低成本是多少，只是那么糊里糊涂地干着。其次，规模大了，并不意味着成本自然会降低。相反，如果管理跟不上、技术跟不上，成本还会大幅上升。所以，B 企业老板发现订单机会似乎越来越多，人员规模也越来越大，但又隐约感到许多订单实际上并没有盈利。至于哪个订单没有盈利，往往又算不清账。

烦恼之三：人的问题

这是一个老生常谈的问题。企业就像是滚雪球一样，滚着滚着规模就大了。业务倒不一定扩张，但人员却不知不觉增加了。谁都知道人才重要，但是规模大一点后，发现人才跟不上企业的步伐，怎么办？这时人才管理能力就成了瓶颈。新进员工与原来员工之间的冲突，水平高与水平低的员工之间的冲突、勤奋的员工与不思进取的员工之间的冲突等等便会出现。这时有的管理者会选择将不合适的人坚决“辞退”。但是辞退之后，发现再招来的人还是这样。B 企业就面临着这种情形。而且都开除了，谁来干活？B 老板到最后才发现，多年来竟没有培养出自己的核心人才。

在与我聊天中，B 老板的眼神深处藏有一丝焦虑。多年的磨炼让她学会了沉静，然而眼前的情形却让她深感棘手。我知道她很着急，但事情还得一样一样地解决。当务之急是深入基层，杀在一线。可之后，短期内又能怎样呢？这就是成长的烦恼。

第2篇

组织的逻辑

战略应落实到行动中

将战略具体化、可视化

做企业要专业且专注

将战略清晰地文本化

人为资本如何落地大多无解

……

悬空的战略

——战略应落实到行动中

阅读思考

1. 战略为何难以落实？
2. 战略应如何落实？

近段时间以来，我对“战略”一词出奇地警觉。很多时候，这种警觉带着一份欣赏或质疑的态度。电视节目中，有成功的商人大谈战略，我从中却听不到实施的逻辑；从书店里那些“卖作者”的战略书中，我却看到了其中隐藏的一帮枪手手握剪刀的身影。

我曾与很多成功或未成功的企业家们谈论，听他们讲自己的管理哲学、战略、蓝海、核心竞争力、竞争优势、长尾理论、关系营销……我佩服他们总能用最符合听众情感变动的文字组成自己的演说内容。然而很多时候，他们的战略报告只是美丽的文本文件，公司还是依靠惯性在前进着。

他们的中层干部往往也很健谈。讲工作职责时，他们总能够从战略角度谈起，时不时蹦出一些社会流行词。电视、报刊以及培训等给他们提供了流行词库。其实，我只想知道他们在做什么，不愿听词语组合般的故事。与他们谈话时，我的思维常常游离，为表示尊重，我常常强迫自己收回思绪。

我常常会走进中层办公室，陪着他们工作一段时间，长的甚至有几个月。我发现很多时候，美丽的战略报告与他们清晨走进办公室到傍晚离开办公室并无太多关联，也就是与他们所做的事情没有太多关联。没出新战略的时候，他们拼命工作，出了新战略，他们还是这样拼命工作。他们一直是该怎么工作还是怎么工作，只是在给下属开会时，会用一些新的战略语言传达精神。有些人是言辞恳切地要求一番，有些人只是半懂不懂地照本宣科，战略对他们来说，只是语言上相关度很高而行动上相关度并不高的东西。

我曾在一家大型企业待过两年，发现有的时候这些中层的主要工作就是开会，"不是在开会，就是准备开会"。开完会之后，走进办公室，有些人并不知道自己要做什么，打开电脑，看看邮件，东晃晃，西晃晃。还有一些中层干部好像总是有很紧要的事情要做，忙碌一些诸如批改下属报上来的文章中的病句、错字，或者要做一张非常漂亮的 PPT 等事。有的人只思考不行动，有的人只行动不思考，还有的人既不思考也不行动。当然，也有的人在思考和行动，这些人不少升到高层了。

在这样那样的会议中，他们争吵、辨论、陈述、中途电话离开、边听边上网边发言、在笔记本上记着自己以后再也不看的文字……一个小小的问题常常会拖很长时间，一个无意的跑题或者一个人的发言会扭转会议动向，使某人准备接受表扬却受到了批评等等。会议占据了很多中层大量的时间，而大部分会议是无结果或结果不明显的。

我跟着会议散场的人群，回到各自的办公室。这时，这些中层开始布置工作了。争吵在这里往往较少，这是一个有趣的现象。高层给中层开了长达一天的会议，中层传达的时候常常十分钟或更少的时间就完成，或者根本没有传达。这时，我开始明白了，许多会议只是起到内部培训的作用，说说而已。许多时候的会议辩论，只是自我证明，与观点并无太多相关。我想起了一些用回归分析得出类似结论的论文。

一种令人熟悉的现象常常发生：老总把任务布置给了副总，在高层会议上，强调了此事的绝对重要性；副总又把这事原封不动布置给了某中层，也强调了此事的绝对重要性；中层把这事布置给了一个员工，也强调了此事的绝对重要性。然后，就是一层一层汇报、挨批、再汇报、再挨批……有时，甚至一个非常有难度的工作竟然到了新进员工手里。这让我想起一个熟悉的案例：某地方政府把一项重要的规划研究交给了某大学，从某大学到了某学院，某学院到了某教授，最后到了几个研究生手里。这几个研究生用了几个晚上从网上下点东西整理后就交上去了。之后，就没他们什么事情了，剩下的环节是在全国各地开不同层次的研讨会讨论。

大多企业，从战略到中层这一环节，是做得不够的。如果说战略有艺术成分，一把手可以海阔天空地谈“艺术构想”，那么总得有人把它变成“蓝图”，付诸实施。可操作的管理提升计划可不可以有呢？可不可以逐项落实呢？否则企业管理问题总是老生常谈，“年年谈、月月谈、日日谈”，但是总也无法改变。

因为战略是悬空的，没有支撑。悬空的原因很多，当然你可以说它本身就虚无缥缈，只能悬空。

企业战略到底“战略”什么

——将战略具体化、可视化

阅读思考

1. 战略应该以什么方式体现？

2. 战略应如何传递到中层和基层？

世界上的事，最怕问个为什么。许多企业家和职业经理人言必称战略，可是当被问到，企业战略到底“战略”什么时，却常常答不上来。这个问题可以换个说法：你的战略是否真正落实到了中层、基层的具体行动之中了？战略之后与战略之前，他们的管理行动和日常工作是否发生了显著性改变？若是，改变的逻辑又是什么？

在很多企业中，战略往往仅限于高层们的宣传教育。“战略”之后，人力资源管理者做的工作还是招招人、跑跑福利、发发工资、整整考核；营销人员还是如同过去一样拉客户；生产人员还是按照过去的方式进行生产……各种基于战略的、能力的人力资源管理理论，整合营销、关系营销的理论，柔性生产、即时生产理论等，也常常成为中层管理者口中的名词而已。战略就像扬起的鞭子，落下来却毫无力量。当战略无法传递到底层或终端时，战略的意义到底何在？

这带给我们两个可思考的问题。

一是战略应该以什么样的方式体现。当战略无法描述时，又怎么能指望其能被执行呢？理论化的战略制定方式有很多种，经典教科书早就说得清楚明白。许多管理者也都有自己的一套管理思想，可是当用被要求去解释战略的时候，却又让人不知其所云。要么类似于务虚的政治报告，要么类似于玄学的哲学论文，或者类似于艺术化的文学杂谈。管理者不能用管理语言去描述战略，又怎么能够指望下属于离开会场后马上投入行动呢？所以，战略的描述非常重要，要务实、可行，不能云山雾罩，玄而又玄。

二是战略应该用什么方式传递到中层管理者身上，进而到达员工那里。我们发现，企业里的生产任务可以分解到每日的行动中，营销目标（也往往仅限于目标激励）也可以分解到每个人身上，可是很多管理工作却无法落实到管理者的每日行动之中。许多问题年年都提、月月要求改善，但年年归零、月月重复。宏观一点的建议和计划都可以列，如“提升人力资源管理能力”“加强质量管理”，甚至“用制度管理人，而不是人管人”之类都可以说，但到具体落实时，如谁负责这事、关键节点、阶段成果之类，马上就会被找各种理由推掉。于是工作依然只停留在宏观层面。当战略没有按照一种逻辑落实到管理者肩上的时候，就只是一个口号。

当然，很多企业在不断强化战略意识，也在不断前进着。但并不是所有的战略从高层脑海到下属尤其是中层的脑海中，再到具体行动中都不会打折。

我们再回到原来的问题，战略到底“战略”什么？

这个问题可能有很多答案，这里只想带给大家几个可供探讨的问题。

一是战略用什么方式能够可视化，即如何用组织能够沟通的语言进行阐述，用可衡量的要素去构成战略？务实一点说，别人从你的报告中怎样才能更多地找出具体行动的指南？

二是战略如何能够转化为管理者的工作项目，即将战略落实为管理者一个个不断完成的具体行动，也就是将行动计划项目化？务实一点来说，你的战略怎么能够变成管理者的具体日常工作，就像生产任务一样有责任主体、有可检查的成果、有关键时间点？

当然如果你愿意还可以思考这些问题：都说战略决定组织，为什么组织有清晰的责任界定，部门职责和岗位说明书做得非常漂亮，但到具体做事的时候却还是一团糟？都说绩效考核基于战略而定，绩效管理非绩效考核，那么具体实施中，为什么要么是关系型的打打分，要么是一堆漂亮的指标却只能看看，考核效果与以往没有本质区别？这些问题，有兴趣的话可以慢慢探讨。

战略视角应从外到内

——做企业要专业且专注

阅读思考

1. 多元化扩张在什么条件下是合理的？
2. 如何对待自己的专业？

与搞多元化战略研究的 C 博士在一起聊天。

他说，现在最认同的战略大师，是波特和明茨伯格。在人们的印象中，波特总是强调产业扩张，实际上根本不是。波特的研究主要处于竞争战略层面，很少涉足公司战略层面，而且他本人也是反对盲目多元化的。另外，明茨伯格的经理角色论和战略历程都是很有影响力的。

今天理发的时候，恰好遇到一个首席理发师。在他给我理发时，我不知不觉想起 C 博士谈到的明茨伯格。明茨伯格谈战略时，用到的比喻是手工艺人做陶器，“小心翼翼地随着环境变化而变化”。这一点与理发有一些相通之处。“因为专注，所以专业；因为专业，所以艺术。”这个首席理发师非常谦虚，也非常认真。他仔细地小心地修剪着我的头发，还真像是做一件工艺品。

一个好的理发师和一个好的企业家，如果有共同点，那就是都能够非常专注于自己所从事的事情。

在我从事管理咨询的过程中，总能够遇到各式各样的企业家。有的非常专注，将企业当作自己的产品，就像理发师剪刀下的头发一样。他会非常认真地思考着企业的前途、市场、生产、人员等各方面的问题。“现在想的都是三五年后的问题”，许多人常常这样说。有的则不是那么专注，像搞政治一样搞企业。“给我出一套文件，我说一句命令，下面都能自动自发地完成。”他们总是寄希望于一种方法或工具能够让自己从“烦事”中脱开身，集中精力“想大事”。这种想法，就像高考前，总有学生希望能有一两套模拟题让分数突然提上去一样。

做梦的企业家和做梦的学生一样多，以喜欢事物之外的名利的方式，拒绝着直接接触事物的本质。

几年前，一位从事贸易发了财的同学来找我，希望我能够给他新的投资方向提点建议。他想从事绿色农业。这个概念真是非常好，凡沾上绿色的概念都那么有吸引力。他的初步计划是，在黄河滩地承包大片土地，一签几十年，然后在那里发展某种水果或经济作物。

我提建议之前，问了他一个问题：“你真喜欢从事农作物种植吗?”他说是的。我又问，假如生意不如意，你愿意在那个地方自己亲自种植吗？他说，现代管理是用别人的劳动来获取价值，不需要自己劳动。我再问，如果生意如意，你确实有时间，你愿意拿着剪刀去修修果枝吗？他说，时间都是有成本的，应该去做附加值更高的事情，譬如寻找投资机会，而不是去剪树枝。

我只能沉默，然后报以反对式的微笑。一个从小到大，连农村庄稼怎么长都没见过的人，一个只想从中获利而根本不热爱这一行的人，凭什么要比那些在这一行业中摸爬滚打了几十年的人强呢？我想不出来。

做企业就是做生意，自古到今做生意的道理都是有一样的。生意之道，并不因为你用了战略、价值链、SWOT、品牌之类的名词，把一些学生娃唬住，就能够确保你的生意能做好。绿色农业也罢，生态农业也罢，它首先是农业，不喜欢这一行就想搞创新，成功的可能性甚微。

那个同学没有听我的。他真把钱投进去了，买了几车树苗，在黄河滩上栽上了。结果，那个冬天黄河滩的风让他“死也不愿意回那个狼不吃的地方了”。天太冷，待在那里无聊，而树长起来，也不是一天两天的事情。从城里雇的所谓的“职业经理人”，也受不了那地方，过完春节后就不去了。最后只好找了几个当地的农民管理者管理着，“乱七八糟的”。然后，他找机会把农场卖给了当地的农民管理者，让管理者“MBO”了。

我想，企业的经营管理还是应该把目光从外到内，不要盲目追逐外在的奢华，那种凭机遇、凭关系一夜暴富的童话故事还是少想象为妙。更多的精力还是应放在倾心打造核心能力上，然后沿着核心一点点扩张。当羡慕别人的挥洒自如时，应多想想别人的专业。

领导有战略≠企业有战略

——将战略清晰地文本化

阅读思考

1. 为何老板有战略而企业没有战略？
2. 什么叫战略可视化？

当“你的公司是否真有战略”这一问题摆在面前时，许多企业会感到愕然。

这个话题非常敏感。

事实上，几乎每个老板都有战略，但是企业却未必。

我曾经仔细观察并记录过一家企业董事长的战略构思。我为她的企业服务的同时，也观察着她的战略思维。这一观察持续至今快有六年了。她很忙，公司里里外外的事情占据了很多时间。然而，她又很敬业，差不多时时刻刻思考着企业相关问题。她把她的思考记到手机记事本里，然后在公司中层以上开会的时候拿来讲。她一遍又一遍地讲述着她对企业的思考，对企业未来的安排、谋划。每次讲的内容不一样，角度不一样，前后也常常不连贯。有时候，这些错综复杂的讲话内容听起来是相互矛盾的，但这些看似杂乱无章的内容，整合在一起却是一幅战略的画卷。她有自己的战略，可是并不是所有人都能从她杂乱无章的讲话中透视出那幅图画，甚至她的中层干部都说不清她的战略，能够说清的人，也是瞎子摸象。

这是中国企业最为常见的问题。战略在老板的脑海中，可能非常清晰连续，也可能模糊离散。老板总会在不同场合讲解自己大脑中的战略，从不同层面，运用不同技巧，像阐述一篇小说构思，求解一道数学题。

大多数时候，老板的确有自己的战略，可是企业却没有。因为老板大脑中的战略只是老板的，根本没有转换到企业中去，有时虽然转换到企业中了，也是变形或者扭曲的。

那个老板曾经希望下面一家子公司开始战略转型，将产业链向供应商方面延伸。这种话讲了若干年，可是下面企业仍然没有动静。原因很多，但是不能忽视的一个是，老板有自己的战略，企业却没有。

那么，怎么才叫作企业有自己的战略？我想，用一个非常简单的可视化标准来检验，就是企业战略是否是清晰的并能以文本方式展示出来。战略必须是成体系的、完整的、有内在逻辑的，也就是清晰的。它可以没有写出来，但必须能够写出来，也就是可文本化，当然这个文本包括图表之类的表达方式。符合这两个标准，就是我所理解的可视化。战略需要企业能够看到，至少中高层能够看到。如果只是在老板的脑海中，企业人员看不到，那就不能叫做企业有战略。

如果战略不能被看到，无法用文本方式固化，不成体系、不完整，只是零碎的，我们有什么理由相信，整个企业能够偏差极小地理解战略呢？退一步来讲，即使老板可以零碎地、模糊地、渐进地表述自己所理解的战略，也得有人将这些构想逐步画到纸面上固化。我们期望战略能够转化为行动，可是当组织并没有清晰战略的时候，又怎么来转换为行动呢？

这样，我们就会理解，为什么那么多老板会抱怨笔杆子们赶不上他们的思维，或下属跟不上自己的战略思路；仔细想想，并不一定是别人跟不上他们，而是他们根本没有一个完整的战略思路，或者有完整的战略思路，但未能转化为清晰的、可文本化的组织战略。

人力资本仅仅是个口头概念吗

——人为资本如何落地大多无解

阅读思考

1. 人为资源管理和人力资本管理如何区分？
2. 人力资本的管理重点在哪里？

我常常发现自己是半桶水，对有些东西总是一知半解。譬如每次听一些人力资本专家大谈人力资本之类的东西时，总会疑惑地看看周围，或仔细想想到过的企业，发现自己真不知道人力资本到底是什么玩意儿。于是，很是惭愧于自己的落伍。再后来，听得讲话多了，看的文献多了，发现很多大谈人力资本的专家似乎也是半桶水，概念之间逻辑漏洞百出，甚至有些专家根本就没有水，只是卖木桶的，今天卖桐木桶明天卖松木桶，流行什么桶就卖什么桶，卖完之后很爽，也赚钱了。

那么，人力资本是否只是一个口头概念而已？如果说完之后，人力资源工作还仅仅是招招人、管理考勤、发发工资、整整考核，或者概念之后，仅仅是给某个小圈子的人发发股权、搞搞期权，那么人力资本就是概念而已。

我曾经假想，我说完这段话之后，某个人力资本专家的反应。

这个专家在一家上市公司做人力资源总监，属于公司高薪挖来的高级职业经理人。她的一番人力资源管理理论说得头头是道，颇得公司领导赏识。听了我上面的话，我估计她肯定会不屑地说我不懂人力资源理论，或者说只懂理论不懂实际，再或者说我不懂他们企业的实际、他们企业的文化。这样的打击逻辑很严密，你基本上难逃靶心。你不敢说自己懂人力资源理论，因为理论是无边无际的，如果你说你懂，那么显然不谦虚，不谦虚就不是好同志。即便你懂理论，那你懂实际吗？懂实际，又懂他们企业的实际吗？懂他们企业的文化吗？至文化那个层面，基本上是个大坑，掉进去肯定出不来。我之所以假设这些，倒未必是因为心理阴暗，而是我经常听很多人说“我们公司的实际就是这样”，说完还常常若有所思地摇摇头。所谓的“实际”范围很大，可以大到市场上一切商战，也可以小到老板的风格。譬如老板就是爱晚上加班开会到深夜，第二天老板可以晚起，其他人却要按点打卡等等。因此，我根本不会那样低智商地提问。

有了这些假想之后，我就开始偷偷观察她的工作日程。不管人力资本在嘴上怎么说，总归要落实到实践操作中，落到她的日常工作当中吧。这就是我检验的逻辑。

我发现，她一周四十个小时的工作时间里，有近十个小时在开会。或高层经营会议，或某个部门的评审会，或别的什么会议。有四五个小时处理各种文件审批。有四五个小时与下属谈话，或与别的部门及人员沟通。沟通的主要内容无非是人事安排，或者感情。还有近十个小时与外部联系，如媒体、劳务公司之类。我这样估算她的时间还算宽容，事实上在某些阶段，她根本就是一直在开会，套用网络上流行的话，她“不是在开会，就是在去开会的路上”。

再看看人力资源部的工作。主要有三项：一是招聘，时不时发个广告，时不时面试，再面试，再安排领导面试，也忙得不可开交；另一块是发工资，算算考勤，做做工资报表，报批，发薪，这是一个一分钱差错也不能出的活儿；三是培训，定期不定期邀请外部人来讲讲课，课程设置、发通知、布置会场、课堂维护、统计报表等等，还真忙不过来；其他还有医保社保、变更劳动合同等等，还真是很忙。

人力资源部的人天天很忙，经理要不断地协调这事那事，但好像都与人力资源总监无甚关系。这些工作，在前任总监在时，也是这样。新总监来了一年多，也没甚变化。大的事情，譬如围绕人力资本整出一套体系，或者对制度进行优化什么的，或者搞出个意想不到的创新活动啥的，也基本上没有。我就奇怪，怎么就人力资本了？

为这事，我有一次还怯生生地“装萌”问过一回。我感到她很张扬，装萌有利于我不露出大灰狼尾巴。我问：人力资本在企业里怎么落地？

本来以为她会从人事管理到人力资源管理再到人力资本管理的迈进给我扯一回，没想到她的回答很干脆：“这个企业的基础很薄弱，人力资本只能先当作一个目标，博士您别较真，以后还要多向您请教呢。”说完她哈哈一笑，“改天请博士您吃饭。”

“噢！”

对话就这么结束了。

然后，我就又看着她忙活了，不停地开会，不停地对经营班子、员工、媒体大谈人力资本。后来，听说她还上电视了，担任过什么选秀节目的特邀嘉宾，据说镜头感不错。当然是单位做了赞助商。广告带来了很大的效应，公司招聘邮箱里一时爆满。她个人呢，也被更高级的猎头看中了，去玩更高层次的公司了。

其实，如果没有搞清楚人力资本的实施逻辑，还不如老老实实地搞搞人力资源管理，譬如千方百计地为单位提供数量充足、质量过硬、结构合理、价值观统一的人力资源队伍。不然，人力资本这东西，就是说说而已。

人力资本在民企是一个梦想

——为什么民企招不来、留不住人才

阅读思考

1. 民企和国企在吸引人力资本方面各有哪些优劣势？
2. 民企老板应如何吸引人力资本？

一个朋友与我讨论了下面的问题。

有两个企业 OFFER 摆在你面前，一个是民企，年薪 20 万，高管职位，以后上市时可有股权；一个是国企，年薪 10 万，一般职位，没有股权。你会选择哪一家？

这个朋友是某民企的资深高管。说资深，是因为从公司创始第一天开始，他就在这里工作了，先后担任过研发、市场、内部管理等岗位的职务。

朋友说他的选择是国企，理由如下。

一是与国企相比，民企薪酬含金量太低。薪酬方面民企 20 万相当于国企的 15 万，甚至 10 万，而劳动强度则相当于国企 1.5 ~2 倍。有意思的是，民企的薪酬一般都是往高里说，个人所得税是跑不了的；国企的薪酬看起来低，但其他的隐性福利发着也不少，而且可以因为薪酬低少交个人所得税。

二是民企的工作不稳定。今天在这里工作，明天可能就不在这里工作了，而国企相对稳定些。

三是民企的职位相对是假的，职位对应的权力也相对是假的，全是老板说了算。今天高兴了让你上，明天不高兴让你下。高管的名位更是假的，你名为高管，有时实际上是老板的秘书、文员。而国企的职位相对是真的，职位所对应的权力也是真的。

四是民企老板的承诺，隐性附加条件太多。股权，除非你超牛，否则获得的风险也非常大，给与不给、能不能拿到手都是问题。没有老板不把股权看得像个宝似的。

朋友的回答给我的第一感觉是，他表面上风风光光在著名高科技企业作高管，这家企业一直号称要上市，而他实际上心里并不满意。将他的回答中可能带有的情绪放在一边，单从他的回答内容来看，也的确令人深思。

在国进民退的今天，民营企业要发展，除了呼吁宏观政策环境的改观外，诸多问题还需要自身去解决，其中如何经营人力资本更是需要深入思考的问题。人力资本之所称为人力资本，就在于它能够像某些非人力的资本（如资产）一样为企业带来资本收益，也能够像非人力的资本一样分享资本收益。普通劳动力，最多只能算作是人力资源，能为企业带来资本收益，却不能分享资本收益。民企里，资本的意志往往更容易渗透到企业管理之中，也更容易被放大。这时，如果老板与高管之间缺乏一个相应的既约束老板也约束高管层的激励约束机制，老板与高管的合作必然是无效的。高管只能是打工心态，即使拿了股权也如此。这时企业老板更需转换思维，尤其是转换对资本的理解的思维。否则，人力资本在民企只是一个梦想。

企业王国与音乐

——管理理论不能沦为自娱自乐的表演

阅读思考

1. 为什么空洞的宣教屡禁不止？
2. 如何避免企业堕入套话、空话陷阱？

我无法忍受我面前那个人的声音。

确切地说，这个人的声音充满磁性、权威，且张扬出与她年龄不匹配的青春色彩。她的声音似乎将我拉到一个遥远的、我从未到过的世界。核心竞争力、竞争优势、文化的动力、压力、拉力、变革……一些似乎新颖的词汇拥挤着堆砌成她的音乐。这些音乐给她以满足感，也给听众以听觉上的震撼。之所以说她的语言是词汇的堆砌，是因为我丝毫找不到其间的逻辑性。而把我拉过去的那个世界，则遥远得让我莫名其妙。

有时候，我常常疑惑用管理理论帮助企业提升水平的想法是不是只是自娱自乐的游戏，也搞不清管理理论与企业操盘之间，到底哪个才是不切实际的空谈。

不过我清楚地感知到了，每个企业是一个王国，都有一个国王、若干个王爷和臣子。每个企业都有其朝拜的秩序和礼仪，都有“穿鞋戴帽”的陈辩句式。每个企业王国都有其俗不可耐的音乐，而我的发言则只是添加一些新鲜的元素而已。

在听文章开头提到的那个人的讲话的时候，不知道为什么我，总是被一种紧迫的情绪所笼罩。我会想到这个公司的战略，想到各种运营系统，想到他们的人。那种感觉，就像正处于设计关键时刻的工程师，突然被拉到了文艺的台子上，而交货的工期却非常紧迫一样。坐在台下，在听一些企业王国的王公大臣们高谈阔论时，我的思绪常常会飞得很远。我会想到“文化大革命”，虽然那时于我根本无法形成记忆，但我还是凭感觉揣测着彼时的流行词汇；我会想到明清，会想到唐朝，会思考那时的人们用什么样的流行词汇。有时，我甚至感到历史在眼前飞速地掠过，词汇在不断丰富化，但构成这些词汇的逻辑在常识面前仍然混乱不堪。

昨天晚上看了中央二台的一个节目。一群高考状元在主持及专家的指引下，讨论一个问题：“高考状元能否成为商界精英?”这个论题多么熟悉，以至于让我不由地做出了无数联想。譬如，“大跃进”期间，这个问题可能会成为“种地能手能否成为政治精英?”再譬如，在明朝则可能是“阉官能否成为治国精英?”等等。我的历史知识很贫乏，使我无法找到更多实例去证实自己的联想。于是，我忽然想读历史，大量地阅读。

回到正题上。那个令我感到烦躁的声音，当时主要讲述着自己下半年甚至下个季度的工作计划。工作计划如此之美，就如一首可能随时流行起来的音乐，但我却听不到半点真实的行动。“我们必须紧扣核心竞争力，以构建和谐社会为战略主题，不断强化我们的竞争优势……”在企业王国里，人们常常抱怨自己的文稿过于浅薄，希望能够“拔高”。拔高是可以的，但是最起码得符合逻辑和常识，最起码得对每个词的意思有个把握，而不能只用流行词汇堆砌出来。

那首“流行音乐”赢得全场轰动。人们顶礼膜拜，高声称颂。“非常正确，我们必须大力打造核心竞争力，只有打造出竞争优势又回避自身不足的公司，才能持续经营，基业长青。”“给我们提供了很好的思想变革的指导，让我们从小做起，从核心扩张，不断强化独特的核心竞争力。”种种称颂的语言，仔细听听也只是时髦词汇重新组合的空话而已。我的思绪似乎又远离主题了。我想起了流行的清宫、唐宫剧，想起了各种朝代的称颂。但我很快又感到了矛盾，因为似乎那些电视剧表扬的人物都比较优秀。我又感到自己历史知识的贫乏了。

我仔细地听着，却听不出，为了实现年度目标而采取的具体措施和方法，也听不出上半年没有完成任务的原因所在。就像一个小学生数学不及格时所做的检讨，满篇全是“为了全人类的解放事业，做又红又专的接班人”。我甚至不由自主地想到了哈默尔，想到了波特，想到了泰勒，我总试图将那些变化多端的词汇用一根理论的连线串起来，但是总不能，因为在我的努力将要成功的时候，又会被不时冒出的新词打乱。

那场“具有战略转折意义”的会议结束之后，表演者非常满意，也非常陶醉。因为“该说的我都说了，该骂的我也骂了，该检查的我也检查了”，“一切就与我无关了”。称颂者则像完成了一场仪式一样，回到办公室，打开电脑看看新闻、批批文件、签签字，再就是找一两个碰到刀刃上的下级批一批。一切照旧。

我不知道，历史影响了多少人。

企业中的权威与自由

——遵循人性规律让管理成本降低

阅读思考

1. 权威和自由的关系是怎样的？
2. 企业中自由的实质是什么？

我是一个信奉自由经济思想的人，也一直认为企业管理的最高境界就是不受干涉。简单地说，如果你的管理要依靠外力的强迫才能够完成，那么你的管理就几乎达不到目的。这句话的表述看似有此矛盾，但真实地反映了现实。举个例子。某公司要求大家必须上公司内部的网络论坛，每人每天至少上三次，否则罚款三十元。如果该公司这样做了，那么这个网络论坛就很难持久。原因很简单，某天，那些声称要惩罚别人的人自己会先失去耐心，想不起这件事了。深层的原因，则是这样解决管理问题的方式是违反自由市场经济思想的。

我曾供职的企业中有一个大领导，他讲过这样的道理。他说，什么是好的管理？就是最简单的管理。中国什么法律最好？《婚姻法》。因为《婚姻法》最简单，关键就两点：一男一女，男 22 岁女 20 岁以上。符合这两个条件，基本就可以结婚。《婚姻法》很简单，但运转得很好。相反，那些规定了很多条条款款的法律，却在不断地修改着、争论着，没完没了。为什么？因为只有干涉最少才是最合理的。

另外一个例子是我十七八年前从《读者》上看来的，好像是哈耶克或其信奉者写的。说是一个图书馆建成后，要在前面的草地上修条路，但到底应该如何修，大家争论不休。后来采取一种方法，就是先不修路，种上草，等人们自然踩出了路，再沿着踩过的路线来修。为什么这样的选择最好呢？因为最人性化。而别的选择或多或少都有试图把自己的意见强加给别人的意思，只不过强加的程度强弱不同罢了。

我们目前上至政府某些部门下至企业里的小团队，在制定规则的时候，很多权威们是凭自己感觉或好恶，然后强制执行。于是，出现了网上传说的各种“雷人”制度。譬如2013年年初时“闯黄灯要罚款”那个交通规则，引起社会一片哗然，最后不了了之。尽管规则制定者也算是殚精竭虑了，但是老百姓不认账，强制执行时，若不犯众怒则大家睁一眼闭一眼，一旦犯了众怒，就不得不改动。朝令夕改就这样产生了。

这当然又带来一个老话题——到底应该是精英治理还是群众治理？精英治理必然会导致用精英的意见代表众人意见，群众治理又必然会出现所谓的“真理总在少数人手里”而少数人的意见得不到重视的情况。换句话说，这就是企业要权威还是要自由的问题。其实在企业中，最应该警惕的不是自由带来的弊病，而是权威的滥用。因为企业本身就是层级制的，尤其是由于股东利益至上的思想占上风，人们对“上级领导”存在着天然的遵从，所以权威一般是不容易打折扣的，而自由却往往会被侵蚀。

企业中的权威是组织赋予的。它可以帮助管理者推动工作，也可能阻碍管理者开展工作。是推动还是阻碍，关键看应用权威的时候，是否能够体现人性的自由。两者应尽可能地统一而不是对立起来。尊重权威、尊重自由都不等于蔑视规则，相反，规则建立要体现权威与自由的平衡，尤其是人性自由的思想。没有规则，根本谈不上权威与自由。管理要尽可能遵守“规律”，尤其是人性的基本规律。如果权威与自由对立起来了，管理就会越管越乱。如果时间长了，权威完全替代了自由，也就是人们已经认定权威可以无所顾忌、为所欲为时，就会出现对权威的恐慌甚至厌恶。这也是在企业中，很多时候人们感到管理者在瞎指挥、帮倒忙的主要原因。

企业中的自由实质就是人性化。越接近人性规律的本质，越可能会自由，管理的成本越低，效率也越高。然而，如何抵达规律的本质却又是一件痛苦的事，因为人性太复杂。但再复杂，都需要管理者能够深刻洞察，这是最为重要的能力之一。只有准确地认识了人性，才有可能使权威与自由达到平衡。有人做到了，也有人做不到，如此，才出现了管理上的高人与低人。

小孩与小树，相关与因果

——找出真正与效益正相关的因素

阅读思考

1. 相关与因果的关系是什么？

2. 如何看待自己的短板？

一位企业家在企业中推动了“阳光五个力工程”的文化活动，最后进行了总结：经过企业文化工程的建设，连续五年企业销售收入达到年均50%的增长、利润实现了40%的增长等等，这足以证明，企业文化工程的活动是有效果的，是有成效的。

他用的基本方法从形式上讲是统计学的回归分析，但未做严格的检验。找两个因素，收集多个（或时间）数值进行回归分析。X 增长了，Y 也增长了，故此得出两者有相关性，并可据此进行未来的推断。企业做了企业文化活动，企业销售收入也增长了，因此得出结论，企业文化是有效果的，未来要继续坚持。

一切似乎都非常科学，但是我的一位同事听后，却讲了一个耐人寻味的笑话。

他说，我儿子出生时，我在家门口种了棵小树。儿子一天天长大，小树也一天天长高，将五年的数据收集起来进行统计分析，发现绝对正相关，即儿子连年长高，小树也连年长高。

他请教我：我儿子长高了，小树也跟着长高了，那么我儿子长高与小树长高之间到底有什么关系？是因为我儿子长高了，小树就长高了？还是因为小树长高了，我儿子就长高了？或者二者有其他关系？或者没关系？

这个故事有点意思。

沿着这个逻辑，我们同样可以向那个号称文化工程起了作用的企业家请教：①因为企业文化工程有作用了，企业效益就好了？②还是因为企业效益好了，企业文化工程才起作用了？③还是企业文化工程与企业效益各是各的，根本没有关系？④还是虽然企业效益好了，但企业文化工程实际在起反作用，否则效益会更好？

一个道理是非常明显的：相关不等于因果，可能有相关关系，但不一定有因果关系。相关是两件事物从表象上是有相互关系的，但是否有因果关系却还需探究才行。但是我们的企业，包括一些学者，常常在犯将相关等同于因果这种错误。

企业效益好时，从营销到采购，从人力资源管理到企业文化管理，从生产效率的提升到战略思维的创新，似乎一好百好。做了管理工作，企业效益好了，因此得出结论，管理工作是有成效的。是这个逻辑吧？不然，为什么效益好的时候，各种颁奖大会上，从生产到营销、从人力管理到企业文化，都会在台上？

论坛经济为一大批效益好的企业家提供了展台。我们可常常看到、听到许多人在台上滔滔不绝，讲自己的人力资源管理多牛、营销管理多牛、资本运作多牛、组织文化建设多牛。效益好了，一好百好。还是那个问题，小孩与小树，谁是因，谁是果？如果仔细探究，会发现很多人只是说说而已。他们所宣扬的内容很多时候不过是对教科书内容一鳞半爪的翻版。所谓的经验，也不过是笔杆子们用时髦词语堆砌出来的故事而已。

还是再拿人力资源与企业文化来分析。

曾经听到某名企的人力资源总监谈自己企业的经验，从人力资源平台的打造到核心竞争力的支撑，从引人机制到考核机制的构建，说得激情澎湃，听的人也非常兴奋。可我到底也没有明白，他的人力资源管理支撑战略的逻辑是什么；也没明白，这些好的理念怎么落实到部门的具体工作之中。还有一位人力资源总监，谈起来滔滔不绝，但我到他所在企业实际考察后，发现他说得再多，企业里的人力资源部门工作人员也只是三五个人，除了总监忙着到处开会之外，其他人也就是跑跑保险、发发工资、做做考勤、年底搞搞考核算算奖金，与过去没有什么两样。我就奇怪他嘴里怎么总冒出来那么多“核心竞争力”“长尾理论”“蓝海战略”之类的词。

企业文化的热闹更让我迷惑不解了。企业文化这筐可装的东西就多了。我总有这样的疑问，这些美好的理念是怎么变成行动的？一个万人的大企业，据说企业文化搞得不错。可我却发现，这个与党委办公会合二为一的五个人组成的文化部门，很忙，可似乎没有将那些美好理念转变成的可操作的、可检查的具体行动的计划。或者工作计划有，动不动就是“继续提高职工凝聚力”之类，但看不出具体行动来。价值中国网曾经采访过企业文化量化管理专家刘孝全先生——一个实事求是的企业文化工作者。我不知道，面对那些没有基本量化概念与逻辑的企业文化工作者，讲究事实、追求事实效果的刘先生将怎样沟通？我也不知道，那些说得天花乱坠的企业，有几家敢用刘先生的理论进行一番企业文化测评？

只要稍微用脑子想一想就会发现，小孩与小树压根没有什么本质关联。很多人因为有了小孩，硬往小树上扯，或者因为有了小树，硬往小孩上扯。更有可笑的，因为有小孩或小树，硬是要造一个小树或小孩，以求匹配，还声称是在总结经验。这种总结，是自欺欺人的总结，企业管理很多短板硬让其给遮挡住了。

上面只是用人力资源和企业文化简单地说说，再想想，企业内部的其他方面何尝不是这样呢？战略部门未脱离文秘办的影子；或者成立了新产品开发部，营销成绩卓著，但是产品、渠道之类的管理并未有质的提升；生产部门引入了六西格玛的概念，也产生了一些黑带，但是车间连 5S 管理都还没搞好。这样的例子不胜枚举。效益好了，如果不冷静看待自己的短板，对企业发展的负面影响则是必然的。

企业有时聪明些，把这一切叫作包装。可一些学者却很执著，根本认定小树长高了就是因为儿子长高了。当学者固执得时间久了，有些企业也开始相信了。

学习型企业还需学习型老板
——培训如何真正有用起来

阅读思考

1. 培训应如何贴近企业实际?
2. 如何成为学习型老板?

历史总是惊人地相似，管理问题也一样。

深夜，从蝌蚪般的英文文献中抬起头，窗外已灯火阑珊。晚饭时与某上市公司王姓总监的谈话仍不时想起。他是来参加某培训班的。对于培训的评价，他说："老师讲了一天。最后学员问老师，你今天讲课的题目用的是问句，可是答案呢？老师说不上来。他讲了一大堆要有国际视野之类的话。"王总监认为这些话显然是胡扯，他说三天来几个老师讲的内容观点竟然有明显的冲突，有些老师讲错了，有些老师说不到点子上。"讲平衡计分卡时，他完全讲错了，我都想站起来反驳……"他说这话时有些激动，也有些得意。

培训到底该如何贴近企业实际?

这个问题的闪出，让我想到了前两天一个在内地大型国企中做 HR 的亲戚的电话咨询。她的单位要提拔干部，要考试，她想竞聘，就问我一些问题。其中一个问题是，假如要回答“给单位管理上提一些建议”的时候，该如何说。我随口给她列了十个问题及十条建议，并说这样的问题肯定是企业中常存在的。她听完后似乎有些不满意，说这些问题不是老生常谈吗？

我愕然，为自己不能有新招感到羞愧。

当然是老生常谈了。领导年年讲嘛，听多了就成老生常谈了。不信，看看领导的年终报告，数一数有多少句子是复制粘贴过来的？很多新名词也只是当年流行的管理词汇查找替换的。不过你若用自己的语言把领导的意见讲出来，那肯定也会博得头彩，“讨圣上欢心”。

她听完很高兴。事后证明效果也的确不错，领导觉得这孩子有头脑、有想法。后面的竞聘结果，自然也是我这个亲戚得偿所愿。

我经常想，企业是不可能轻易进化的。自然选择、优胜劣汰的方式，在我们这个市场经济还不发达的社会，似乎来得很慢。所以你可能会看到百年的老商店而非百年老店，也可以看到百年老生意人而非百年老企业家。管理不推进，年限再长的企业，也只是长不大的孩子。

那么应该怎么办？学习呗。从来不看书的领导也知道学习的作用。

可是，如何学习又是个难缠的问题。

一是自己学，搞学习型组织。确实有企业按圣吉的方式认真进行着学习型组织的构建，但大多数企业干脆就是一群从来不爱学习的人凑在一起热热闹闹地搞一场声势浩大的运动。很认真的企业倒是会买几本流行书，如此则促进了经管类出版业的发展。

第二个方法是跟别人学，听老师讲。学新东西是一件困难的事，尤其是对那些上了年纪的人来说。可是，老师认真地讲了，企业里有些人却听不懂，听不懂就会觉得老师在“绕”，恨不得老师直截了当地给个答案完事。这样，便应运而生了不认真的老师，或者本来认真却因别人认为自己在绕，只得想新辙，开始胡扯的老师。一批能说会道的管理培训老师出现了，他们将相声、小品引入到培训中来，场面热闹，宾主皆欢。可事后，一些认真的学生却又开始嘀咕，好像没听明白什么东西哟。上文中的王总监就是这样的学生。

没明白，是你没听懂，还是老师没教会？这个在中学时就经常遇到的问题，至今仍然横在很多企业培训中。形式和实质的问题永远会纠缠着人们。一样的东西，画虎不成反类犬。于是便有一批将虎画成犬的培训师出现了。糊涂对糊涂，糊涂呗，谁要你清醒着呢！

事实上学习型的企业最需要的不是学习的形式，而是学习型的老板。倒不是说要由这些老板们亲自上课，而是这些老板们要真正明白通过学习管理要解决的问题，以企业实际要解决的问题为导向。管理也罢，培训也罢，要真正知道自己要做什么。

可能有人会说，嗨，公司派我们到北京来听课，本来就是来旅游的。那这样的话谁也没辙了。可能王总监今天遇到的培训师就是把课堂当作学员旅游的码头了，不过偏又遇到王总监这样真正来学习的人。耍猴的遇上了算命的，就是麻烦。形式就形式呗，干吗要那实质？

形式与实质统一，又是老生常谈了。应该设计一个机制，让管理人员始终明白当前要解决的管理问题是什么，让管理者真正负起管理责任来。否则，仍然会在培训效果好不好、管理落不落地上反复讨论。当然这有一个前提，那就是不能叶公好龙。

不会沟通是企业制度建设的难题

——如何有效地编写企业制度

阅读思考

1. 为什么制度执行难?
2. 如何建立与管理者的沟通平台?

企业制度之所以没有执行力，有多方面原因，我主要是从实操角度进行研究的。一个不容忽视的事实是，反复沟通非常重要。

领导首先要阅读制度

其实，许多企业都有很多制度，特别是国企，制度更为完备。那么其制度执行难的问题在哪里？就在于沟通。沟通问题中最为关键也是最为麻烦的一点是，许多企业往往不是制度有什么问题，而是管理层根本不阅读制度。不阅读制度，还谈不上不按制度执行，只是制度形同虚设之类的问题。换句话说，领导从来没认真研究过自己的“三令五申”。这就使得问题变得非常麻烦。沟通就要先让领导们阅读制度，这一令人觉得可笑的简单逻辑，在企业中却是一个普遍被忽略的问题。

不阅读制度，表现在三个方面。一是在制度制定时不看，由笔杆子们整理写作。制度制定时的出发点非常美好——要打造一个制度化运行的公司，但是眼高手低，懒得拿起笔来撰写制度，甚至懒得打开电脑认真看一看笔杆子们写的文字。二是制度应用时不看，总觉得该说的话都说了，该骂的人也骂了，最后就与我无关了。在说和骂时，用的都是一些非管理性语言。一般在台上讲话时，他们会这样说，“我们一定要将制度做实，要做成人人都遵守的根本性大法”，“有了制度不执行，只是员工素质低的表现”。在台下与我们交流时，他们会这样讲，“管理有科学性也有艺术性，人治要和法制结合起来”，“制度建设既要反映历史，又要有先进性，要体现时代特色”。每当听着这些根本未看过制度一眼的人说的话时，我都感到奇怪，怎么会有这样的“不看法律不学法律的法官”呢？三是制度完善后不看。制度应该是例外工作例行化、例行工作制度化的过程，这中间需要对灵活的细则不断修订，使之最终成为可称为相对稳定的“制度”的东西。可是事实上，许多人要么不管制度，要么朝令夕改，使之形同而戏，更谈不上科学地完善制度。这样一来，制度就成了约束别人却与自己无关的东西。

回到沟通的问题。我认为沟通中最重要的还是要建立一个平台或机制，能达到一个初级标准，即让管理者先看管理制度，随后再谈如何将管理者、管理经验与智慧融合到制度之中。

建立与管理者的沟通平台

如何建立沟通平台呢？这也是一个令人困惑的问题。很多时候，我们缺的不是理念，而是捅破从理念到实际那一层窗户纸的行动。沟通平台如何建立，让一些讲理论的人讲起来，可能从沟通战略、沟通体制、沟通风格一直讲到沟通时的肢体语言，最后会把听的人全讲糊涂。

如何建设沟通平台，让管理者们能够静下心读那些类似法律条文的枯燥制度文字，的确没有什么好招。我在企业里做制度管理咨询时，曾做过一些尝试。这里举一个小例子。

我在咨询开始之前，就提出一个基本要求，就是每个管理者都认真地看一遍制度，提出真实的意见。意见用管理语言描述，不可使用哲学的、政治的、艺术的语言。怎样才算认真地看，或者说我怎么知道他们是否认真地看了？我让他们参与到整个制度管理咨询过程中，在过程中发表真实意见。意见主要有三个方面。一是在讨论制度框架和大纲构思时，提出具体的书面意见。你认为制度应该编写什么，怎么编写？我总结出了制度模型，要求所有人沿着模型一点点谈意见。对于那些不能提出具体意见的人，我拒绝下阶段邀请他再加入讨论。二是在制度条款表达讨论时，提出具体意见。表达最为重要。你认为制度是否体现你的意思？哪一条、哪一款没有体现？你认为应该如何改？对此，我运用了一系列工具，让每个人直接在表格上填空，而没有看过制度条文是填不出来的。三是在制度交叉讨论中提出意见。某制度是否与其他制度有交叉冲突？如果有，是哪一条，必须明确提出来。

这是一个最笨的办法，就像是教小学生做作业。

刚开始时，有人认为咨询顾问不了解企业。我的解决思路是，谁了解企业谁参与到制度编写中。当然，对于参与的人，我要考试并采取淘汰制，不合要求就退出。对于提出的意见，我更希望具体到哪个制度的哪个章节、哪个条款不合适，并落实到制度编写中。对于那种定性太多的意见，我会邀请提意见的人到制度编写论坛中来演讲，详细表达自己的观点，并接受企业内部编写人员的提问。从制度框架、大纲到条文到最终确定，我让所有自以为对企业最为了解的人参加讨论，并签字确认，签字后就要对结果负责。到最后，反对者提建议时必须具体到某一条、某一行。事实上，我发现一个有趣的现象，真正在制度建设上能够提出建设性意见的，倒不是那些在企业生活了几十年的人，反倒是那些工作了八年左右的人。工作年头少了不行，不了解企业；年头多了也不行，提不出什么东西。为什么呢？难道真是时间的灰尘尘封了激动的心跳？这可以当作一个专门的话题来探讨。

当然，这样的制度咨询或制度编写有很大的挑战性，意味着主持人必须对企业运作流程有整体把握。事实上，在制度编写过程中的三四个月里，许多人对自己企业的思考，比别人一生都多。

组织沟通为什么难以从心开始

——找准企业内沟通不畅的根源

阅读思考

1. 如何准确定位企业中的角色?
2. 你认为组织沟通难的根源是什么?

我在清华大学总监班讲课时，曾经用过一幅图。据说是在哈佛大学流行过的一幅画，用来说明过去历史对人们现在行为的影响。

为了达到碰撞效果，在看这幅画前，我在课堂上做了一番“误导”。

我说：“接下来，我们来看一幅图，你要相信你眼睛所看到的，但是你的同伴看到的可能与你不一样，也可能是故意回答与你不一样。你要做的工作，就是清晰地描绘出你眼中所见到的，并且在最短时间内说服你的同伴接受你的观点。”

在看完这幅图之后，我让看到老太婆和少女的学员分别举了手，并请自以为沟通水平较高的两名学员作为代表进行沟通。由于有前面的“误导”，两个学员之间争吵起来。一个人告诉另一个，那是老太婆，并列举了若干个关键点来证明，另一个却坚持说那是少女，也列举了若干个关键点。为了在最短的时间内说服对方，两个人的情绪甚至有点激动。

实际上，那幅画既是老太婆又是少女，从不同角度会得出不同的结论。

讲课中引用那幅画，其实上是想引申一个道理，即沟通不畅的原因，很多时候在于，对同一幅画，当一个人认为是老太婆时另一个人却固执地认为是少女。

在工作和生活中，这种现象并不少见。由于思维方式的不同，基于同样的事物可能会有不同的结论，而在证实各自的结论时，沟通就可能会不畅。很多时候沟通不畅往往并不是因为个人之间本来就有什么恩怨，更多是因为双方的思维、价值观、行为方式不同造成。但当出现太多的沟通不畅时，组织当中就有可能会形成个人恩怨。

如果能够静下来，换个角度来思考问题，可能结果会完全不一样。游戏中，人们会容易转换思维，在别人的启发下，会发出“噢”的一声来表示“原来是这样”。可是在工作和生活中，我们可能会固执地坚持我们的观点。

我们常常犯这样的错误。我们固执地用自己的逻辑不断演绎推理，以证明自己的观点。我们总是强调自己部门的重要性、自己岗位的重要性、自己工作的重要性，总是用自己的逻辑讲述自己的故事。

可是在我们的逻辑中却常常没有别人，更为可怕的是，没有我们的客户。

我告诉学员们：“当工作中，当你坚持是‘老太婆’而对方坚持是‘少女’时，可能就需要我们转换一下思维，站在对方的角度去思考一下。”

我们再来看一下组织沟通中常见的问题。

组织沟通，是指组织中不同角色之间的沟通。人在社会中要扮演不同的角色。不同角色之间的交错，使得我们的人生更加丰富。譬如，由于是棋友，经常在一起切磋棋艺，恰好又是同事的时候，共事相对要容易一些；去找一个客户，恰好客户也和我们一样喜欢打桥牌，业务相对也好谈些。这也是我们常说的，一个人越能拓宽关系网，工作开展起来越顺利。

可是事情往往有另一面。由于角色不一，本来简单的事情也可能变得复杂。譬如，两个人曾是麻友，一个人提拔了，成为了另一个人的上司，原来的关系就有所变化了。当官的可能会认为，另一个怎么一点规矩不懂？到了单位就应该注意双方身份。另一个可能会认为，对方一当官就变了。这实际上是两个人基于不同角色的认识不同，进而导致的沟通问题。

角色过于复杂是组织沟通中常见的问题。有些民营企业，老板是总经理，老婆是财务。别人来找财务办事，老板老婆一句正常的批评或抱怨，都会造成更大的批评放大效应。为什么呢？因为别人首先看重的是她老板老婆的角色，而不是财务角色。角色越复杂，人们沟通起来越容易理解错位，沟通也就越困难。

在组织当中，所有人的角色应该只是组织所赋予的角色。组织任命你为总经理，你的角色就是总经理，而不是某个下属父亲的同学。只有基于这样的理解，整个组织沟通才能顺畅。有些家族企业将董事会开成了家庭聚会，在企业规模小的时候尚能应付，一旦企业规模大了，必然出现问题。

工作会议不是朋友聊天

——切断开会跑题、议而不决的根源

阅读思考

1. 会议为什么议而不决？

2. 企业中采用事实逻辑好还是情感逻辑好？

近期我参加了好几个企业的会议。这些企业都是相对民主的公司，这些会议也都是相对民主的会议。可是，我发现开会的时候，与会者谈着谈着就不知谈到什么地方去了，有销售经理讲市场中故事的，也有人力资源抱怨招聘难的。总之，谈着谈着就把会议当成朋友聊天了。

与一位经理谈考核指标，会议安排的是一项一项地谈。先谈该指标客观数据，如销售收入，再谈本季度的工作计划完成情况，再谈下一季度的工作计划。这位经理一上来就说："老总，我把我的情况汇报一下。"说完之后，没想到他又说："这次这几个指标完成的整体还是不错的，还有一些问题，譬如上次山东那个客户，老总你也去过，马上要谈下来，可还是没有定下来。"老总急切地问："怎么回事？"话题就自然变了，以至于变到了山东人的酒量，有的能喝有的不能喝等等，离题万里了。到最后，老总还是总结了一下，并提出了“明确”的要求：“你们还是得抓紧，否则没有市场就完了。”就这样，本来要谈考核呢，最后歪到了别的事情上。

无独有偶，有次我还是到这个企业去，正好又碰上他们开会，这次谈的是市场问题。本来安排的是谈市场渠道的事情，可这位经理发言时，谈着谈着就由经销商激励的问题谈到了员工激励的问题上了。他不客气地指出：“人力资源这方面做了大量工作，但是营销人员的激励还是要切合企业实际，关键是切合业务特点。”这样的发言，立即得到很多人的附和。

这种会议在公司小的时候还可以理解，反正就是那几个人、那么点事，谈着谈着成了头脑风暴会议也没有关系，不至于影响大局。但当公司规模逐步增大的时候，还按这种方式开会，必然会形成一种语言上的“巧妙推诿”。本来问题出在甲身上，结果谈着谈着变成了对乙的批判会，这时会说的就比不会说的要有优势。这种巧妙推诿是隐性的，是不知不觉的，转折得没有痕迹，并且所有人似乎都不是有意的，结果却是该解决的事情没有解决。议而不决往往就是这个原因。

这位老总向我抱怨员工执行力差，苦笑着说：“强调了好多次的事情，结果还是执行不了。”那位销售经理也跟着附和：“我们的管理能力跟不上老总的思维，还得加把劲努力啊。”老总笑而不语，散发出很有优越感的气场。

我开玩笑地讲：“用谈恋爱的口吻谈工作，当然不会有什么好的结果。”

工作就是工作，会议就是会议。我经常强调要用管理语言而不是艺术语言描述管理问题。管理语言讲求的是基于事实的量化管理。基于事实，就是要针对某一特定事件发表自己的看法，量化是要用量化的语言或类似量化的处理方式来反映问题。譬如，我今年完成的任务是多少、是否完成了指标、完成了多少、原因是什么、行动计划是什么样等等。

人的语言表达，常常基于两种逻辑。一种是事实逻辑，就像几何论证一样，因为所以，也就是人们常说的“一是一，二是二”，干干脆脆。理工科背景的人，常常会这样。持这种逻辑的人，往往思维缜密，但也会显得呆板，有时会出力不讨好。第二种是情感逻辑，也就是沿着人的情绪意识流，让你的情感沿着他的思维流动。譬如，知道你关心什么，所以在谈论事情的时候慢慢往你关心的方向上转，转着转着就转到另外一件事情上了。情侣在一起说情话，看似热火朝天，但说了些什么呢？事后可能未必能整理出来，但里面的确传达了情感。事实逻辑往往真实，情感逻辑往往感人。

公司的事情本来就是相互交织的、一环套一环的，一件事本身可能就连着另一件事，很难说哪种逻辑好或坏，但作为管理者却要小心防范下属情感逻辑的泛滥。过分讲究事实逻辑的人，往往会令人讨厌。譬如公司现在明明处于危机之中，老板为了激励士气，可能会来一番慷慨陈词。这时如果一哥儿们，摆事实、讲道理，硬是要给你证明公司的状况不是老板所说的那样，老板可能会气得把胡子吹掉。如果老板想趁机悄无声息地把话题变一下，他却还丁是丁、卯是卯地抓住不放，老板可能连开除他的心都有。如果是一位讲求情感逻辑的人，看着老板脸上表情的变化，不露声色地把话题转向老板喜欢的方向，可能会让老板“龙颜大悦”。但是作为管理者，老板还得小心情感逻辑的泛滥。如果管理者的感性悄无声息地战胜理性，错误决策的种子会就此埋下。

再回到开会上。开会时，会议主持既要防止气氛过于呆板、不够热烈，更要防止热烈过度，情感逻辑压倒事实逻辑。多尊重事实逻辑还是要好点。

开会时要把握三个基本要点。一是会议要有议题。不论是事实逻辑还是情感逻辑，都要以议题为中心，不能偏得太远，偏了就要拉回来。据我观察，六成喜欢跑题的人实际上是在巧妙逃避责任。二是会议要有结果。结果就是要尽可能基于事实的量化语言描述，做什么、谁来做、做到什么样的程度。结果可以是问题的答案，也可以是“暂时休庭，择日宣判”，但得有结果。三是会后得有检查。会后要有人跟踪，有人统计。这实际上是要求建立起一套会议报告体系。

团队精神也有困惑

——职场发展与团队合作如何统一

阅读思考

1. 从个人角度讲，职场发展与团队合作如何统一？
2. 从团队角度讲，职场发展与团队合作如何统一？

职场上的事情往往说起来容易，做起来很难。譬如说团队精神，每个人都自称认同，但遇到挫折的时候，是归咎于自己缺乏团队精神还是职场技巧，往往一时难以抉择。

领导安排你和某同事一起撰写一个报告。你的同事能力非常有限，思路也不清楚，虽然认真，但就是写不出来。他很谦虚地征求你的意思，你在这方面很专业，也积累有很多资料，你做出了草稿交给他，他变换了一下版式，然后成稿了。后来领导来了，你同事捷足先登向领导汇报，汇报时也没说哪些是你做的哪些是他做的。结果领导很满意，就表扬了他。

一次这样，两次这样，时间长了还是这样，几乎活都是你干的，但总是由他提交上去。如果恰好遇到这哥儿们口才好，你口才又差，结果自然是你吃亏了。你可能会自我安慰说，“路遥知马力”，也可能会说，“组织不会让老实人吃亏”，但是人生苦短，路并不遥，马力也不是那么好显示出来的，倒是那位同事平步青云，升职、加薪，很快就不与你在一个层面上了，你再谈老实人吃亏不吃亏，不是自我安慰吗？假定这位同事还非常“谦虚”，称一切都不是有意的，你还能说什么？说多了，会显得你这个人小肚鸡肠，斤斤计较。

我们总指望领导有双火眼金睛，但结果常常是领导根本不瞅你们这点小事一眼，他们太忙了。

团队是一群人在共同工作，团队精神也是我们提倡的，我们也承认个人利益要服从团队利益。现在的问题是，你以团队为主了，得到回报的却是别人，怎么办？这是一个很有趣的问题，就是在团队利益最大化的前提下，如何获得个人利益最大化。

这个问题并没有标准答案。从组织角度来说，当然会一味强调团队利益最大化。譬如，在裁员时常常强调要服从大局，可是个体如果真以大局为重退出了，会因此损失自身利益。从个体角度来说，当然希望个人利益最大化，我所在团队受到嘉奖，但我却被辞退了，那团队好坏，又与我有多大关联？

这是职场发展与团队合作如何统一的问题。就个人而言，唯有不断提高自己的职业化水平。理论一点讲，就是学会在团队利益最大化时，个人利益也能最大化，最起码不最小化；庸俗一点讲，虽然团队利益为先，但是我付出的，就要由我得到回报，而不能是你。这才是职场技巧。事实上，这也符合市场化规律——付出与贡献相匹配。对一个公司来说也是这样。内部管理越符合市场化规律，这个公司管理得也会越好，反之亦然。可问题又来了，对组织而言，如何做到符合市场化规律呢？这个话题就太大了。

团队的精髓在于共同承诺

——选对人，才能做对事

阅读思考

1. 共同承诺的内涵是什么？

2. 为什么要选对的人而不是选好人？

奥运会上谈的最多的是金牌，而金牌背后则是团队。在 2008 年北京奥运会开幕式结束后，张艺谋讲开幕式的成功是团队共同努力的结果。运动员获奖感言，也更多讲的是团队。没有团队，一切无从谈起。

团队不同于我们过去常说的工作群体。一群人在一起可构成一个群体，但并不一定是一个团队。企业里不同岗位形成班组，不同班组形成车间，进而形成不同层面上的工作群体，但不一定必然成为工作团队。

团队的精髓在于共同承诺。共同承诺又表现为共同的愿景、共同的目标和共同的价值观。

共同承诺在愿景、目标、价值观方面的表现

缺乏共同的愿景，团队不可能有共同的潜在动力。愿景是人们心中对某事的图画。同样的事情，有人看到的是金钱、洋房、豪车、美女，有人看到的是光宗耀祖，有人看到的是成就带来的美名。有些团队真正在关注顾客的需求，有些团队只关心顾客的钱包；有些团队谋求事业更大的发展，有些团队可能只想"赚点钱，玩玩"。这些都无可厚非，也无所谓对与错，但是得有共同的交集，而且交集越大越好。交集越大，团队稳定的时间会越长。团队散的时候，往往都散在愿景没有形成交集的部分，而不是交集的部分。

缺乏共同的目标，团队就会四分五裂、各自为政。

缺乏共同的价值观，会发现"秀才遇到兵"，成员之间的碰撞很多，且都是鸡毛蒜皮的碰撞。价值观是一个潜在得不能再潜在的东西，隐藏得很深，一般很难清晰地表述，但常常会影响人们的交往。简单地说，价值观就是是非对错的标准，共同的价值观就是团队共同坚持的是非对错标准。团队之所以常常陷于琐事之争，很多是因为我们对琐事的是非对错标准不统一。

工作群体本质上更注重个人目标和责任，成员不愿为超出自己义务范围的结果负责，也不愿尝试因为多名成员共同工作而带来的增值效应。各个岗位立足本职岗位思考问题，并不必然具有共同的愿景、共同的目标、共同的价值观。这是群体与团队的区别。

共同承诺在团队建设方面的表现

共同承诺又体现在团队以及团队成员的选择、团队管理等方面。

在新的市场环境下，团队建设越来越重要。企业里许多工作，需要岗位与岗位之间、部门与部门之间、人与人之间甚至企业与企业之间的通力合作。在以客户价值为导向的今天，企业里的每一项工作都是整个公司为客户提供的产品或服务过程中的一个环节。客户需求的差异化、个性化及易变性，要求团队成员之间能够理念统一、凝心聚力、及时应变。这时，对团队成员的选择与管理便显得尤其重要。

柳传志所讲的“建班子、带队伍、定战略”，实际也强调了对团队成员选择的重要性。选人比选事更重要。没有合适的人，再合适的事情都不会做成。

选择团队成员，我们最常听到的是“人品第一位”。

企业里人们常说的“人品”，实际上强调的是共同的愿景、共同的目标、共同的价值观，尤其是共同的价值观。表面上人们谈论人品的时候，是孤立地谈论人的品德，实际上都是按照团队的标准来谈论的。

人品好的人特别多，但人品好的人不一定适合在一起组成团队。秀才的人品也好，兵的人品也好，但理还是讲不清。你想的是如何尽快把事情做完，他想的是凭什么要他来加班。你想的是按时给客户一个好的结果，他强调的是自己每天是否按时上班，认为按时上班了，就应该有奖金。你与他讨论的是事情，力图逐步理清来龙去脉，目的是找到对的方法；他与你讨论的是“辩论”，目的在于证明你的错误，虽然你错了并不必然意味着他就对了，但他认为用势头压过你就意味着胜利。他就是这样理解组织内竞争的逻辑的，而并不奇怪的是，很多组织认同这种逻辑。你觉得与他谈论纯粹是浪费时间，他觉得你根本辩不过他。你想的是结果，他想的是过程；你想的是效率，他想的是“当了和尚撞了钟”。人品可能都好，也可能没有谁对谁错，但你会感到别扭。

团队建设更多属于柔性管理的范围，很难用制度管理或公式化管理进行刚性规定。我们常常发现，同样的制度，在不同车间或班组应用效果却截然不同。一个班组团结互助、齐心协力，另一个班组却可能相互拆台、以自我为中心。应用效果不同的原因，你只可能用心去感受、去分析。

一个团队选择合适的人非常重要，一个人选择合适的团队也非常重要。如果团队的愿景、目标、价值观是基本一致的，再大的团队困难都能克服。如果愿景、目标和价值观之间缺乏统一，而且统一的难度太大，那就看你的精力和能力了。如果缺乏精力和能力，重新选择不失为一个好的选择。

绩效考核为什么落不了地

——制定并实施合适的考核方案

阅读思考

1. 为什么不是所有企业都适合使用完善的绩效考评制度？
2. 企业不同阶段的绩效考评需求有什么不同？

近来对人力资源管理及咨询工作的思考总使我心烦，一种对传统人力资源管理学科的“恨其不争，哀其不幸”的感觉屡屡浮现。

在网上看到了一篇文章——《如何使绩效考评落地》，再“百度”了一下，“找到相关网页约31 500篇，用时0.272 秒”，真让我惊奇。“落地”一词，成为了许多公司常见的词语。

“落地”对应的词是“上架”。那么，为什么会只有上架而没有落地呢？查看了一下相关文章，归纳的原因不外乎是：绩效考评流于形式；沟通不够；过程关注与结果关注不平衡，未能把握考核本质；领导重视不够，制度不能强化执行……

我的问题来了：这些问题解决了，考评就一定会落地吗？我看未必。如果一个企业根本不需要考评，或者你的考评方式根本就不适合企业，谈什么落地与否呢？

并非所有企业都适合复杂的考评手段

并不是所有的企业都需要所谓的最科学的考评方法。譬如，一个十多人的小企业，干好干坏，能干不能干，干得多干得少，老板一目了然，需要考评吗？我看没有必要。再譬如，一个没有任何绩效考评基础的企业，用平衡计分卡做考核就会死，这是肯定的。让我感到不可思议的是，竟然也有这样的小企业找咨询公司做考核，更不可思议的是，竟然也有大牌咨询公司接这样的单。这样的方案，我可以肯定百分之百是落不了地的。因为他们根本不需要所谓科学的方案，只需要简单的几张纸来做考核即可。

这时，简单就是科学。

可能有人会反对我，说这是企业走向科学管理的必由之路。我的回答是，企业走向科学管理的必由之路是引入管理手段，但不是引入不符合实际的管理手段。

我这里所说的没有必要考评，是指没有必要用那些“上架”的厚厚的考核制度，用直觉或经验的判断就行了。这样说虽然有点让理论人士不可接受，但据我的观察和经验，的确有很多企业只需要几张纸的考核即可。不必上架，也就无所谓落地，效果还很好。上了架，却落不了地，即使落下来，效果也未必好，何必呢？

企业在不同阶段有不同的考评需求

我认为企业有三个阶段，不同阶段对考评的需求也不一样。

一是市场瓶颈突破阶段，上面所说的即是这样的阶段。这时企业最重要的矛盾是市场问题。有了市场就有了一切，没有市场根本活不下去，而市场对他们来说还是奢侈品。如果这时用一些非常烦琐的考评方法，花很大代价

"上了架"，那也肯定落地不了，而且没有必要。与其把精力花在内部管理上，还不如把重心放在外部市场上实在。

二是管理瓶颈突破阶段。这时，随着企业规模扩张，凭老板个人感觉是无法理清管理问题的，需要用一些管理手段，考评即是一种。但选择什么样的考评方法，也要与企业考评基础相关。一个没有接触过考评的企业，盲目上一些看似非常科学的方法，注定落不了地。许多民营企业找职业经理人做出了非常"完美"的方案，但是企业根本没有这样的基础，最终也只能不了了之。突破管理瓶颈，需要逐步、分阶段引入考评方法，先从个人评价开始，再对个人绩效评价，再到组织绩效评价，最终达到组织绩效管理的境界。

三是突破治理瓶颈阶段。许多企业因为处理不好创业者之间的关系，到了一定规模就分家，根源可能就在于治理问题没解决好。当创业者将企业带到一定规模，必须交由职业经理人进行经营的时候，考评就需要科学设计。但是，必须注意这也是分层次、分阶段的。一个企业要突破治理瓶颈，高层考评方法上就要多考虑科学性，付出的成本必然要大。

如果不能根据企业所处的不同阶段选择不同的方法，不能在相同阶段里针对不同层次的人选用不同的方法，那绩效考核方案必然是没法落地的。许多企业考评不能落地，实际上是选择的方法不合适。

选择方法适不适合企业，还有一个便利性的问题。一些国企盲目进行科学的考评，似乎考评越科学就越公平。结果，搞了一大堆表格，填完就是加权。这样烦琐的方法，谁会不烦呢？有人说科学的管理方法就是要体现不同因素的相对权重之类，这话没错，但是，如果选用的方法使得简单问题变得更复杂了，只能说明你选择的方法没有应用好。好的管理方法必定是简单的。

说到这里，再问绩效考评为什么落不了地，回答就简单了。方案本身就不适合企业，再加上方案实施者缺乏项目化计划实施能力。如果再有其他原因，我认为就不属于管理范畴了。

绩效考核扭曲在哪里

——绩效考核中的常见弊端

阅读思考

1. 绩效考核在企业中是如何被扭曲的?
2. 如何真正把握绩效考核的真谛?

现在越来越多的企业实行绩效考核，然而，大多数绩效考核，却往往是“皇帝的新装”。人力资源部门感到自己的管理水平节节攀升，但对大多数员工特别是一线员工来说，也就是打打分而已；或者是“老瓶装新酒”，以浩大的声势反对着传统的“德勤能绩”的考核方式，换来的新一套还是年底时打打分，人缘好的、与领导走得近的，最后得分还是高。

是绩效考核工具本身的问题吗？起初是企业关心这个问题，后来事业单位甚至一些政府部门的人也与我探讨。我的答案是，工具肯定没问题。

“那么，为什么我们的绩效考核搞不好呢?”许多人问。一个中小企业的人力资源总监对绩效考核效果差的原因非常疑惑。当我试着与其探讨考核方案的问题时，我非常惊讶。因为员工一致反映量化指标数据收集难，所以她非常民主地去掉了量化的 KPI 指标，只留下了定性指标定量化的部分。他们是按照业绩、态度、能力这三个传统的维度进行设计考核指标的，结果去了业绩，只留下了态度和能力维度的指标。这样的扭曲，绩效考核能起到应有的作用吗？

绩效考核在企业中的扭曲表现

企业在对绩效考核认识不足的情况下，贸然推进必然发生扭曲，主要表现在以下几个方面。

(1) 有绩效考核，却没有绩效管理

绩效考核只是手段，不是目的。从理论上来讲，绩效考核是绩效管理的一部分。它的根本目的就是通过有效的计划、组织、领导、控制等手段，来提高员工绩效，进而促进组织绩效改善。企业在实践过程中，常常忽视了管理的其他环节，如绩效计划、绩效沟通、绩效改善等内容。当忽视事物的本质时，我们就常常会在事物的表面打转。就如同上例中的人力资源总监，以为自己搞了绩效考核就完成任务了，也不管考核内容是否能达成考核的根本目的。这种对绩效考核认识上的扭曲，是最常见也是最可怕的。

(2) 有绩效考核，却没有行动计划

一家工程企业在运作咨询公司给其做的绩效考核方案时，效果却并不理想。我仔细看了那个方案，指标体系是从工作业绩 KPI 和工作计划考评两个维度设计的。KPI 当然是最直接的方式，以可量化的业绩为主，如销售收入之类；工作计划考评主要从计划完成的及时性和有效性两方面进行的。从形式上看没有什么问题，但仔细追究下来，问题恰好出在了工作计划方面。企业里的计划都是笔杆子为老总们年终总结或庆典发言所写的优美文章而已，根本谈不上计划。上且如此，下面会有几个部门经理真正地每周、每月给本部门制订计划呢？即使订了每周、每月的计划，又有几个人真正给自己制订每天的工作计划呢？大家直接拿绩效考核指标当成计划了。这的确有指标体系选用的问题，但本质上还是把绩效考核等同于工作计划了。绩效考核像打仗时所定的作战目标，但具体的作战计划还是要另行制定的。这是考核方法在应用中被扭曲的示例。理论家完全可以非常容易地设计出逻辑严密的、完全量化的指标体系，但是若没有真实的行动计划支撑，最终效果只能为零。譬如，我们可以设计出“新市场销售收入完成率”这个指标，但是当我们并不知道如何寻找新市场时，这个指标最终必然会失效。到了年底，必然有人声称“规则要有灵活性”，也必然会有人声称要坚持“规则的严肃性”。于是吵了一年又一年，但却没有几个企业真正围绕着绩效指标，由各个部门共同参与制订出行动计划。

实际上，考核并不难，难就难在制订行动计划上。诸如“新市场销售收入完成率”之类的指标，任何企业都可轻松制订，但企业与企业之间的差别就在于，有的能找到办法实现它，而有的却不能。

（3）有绩效指标的科学设计，却没有根据实际艺术地调整

对有的企业来讲，预算管理就是一个难题，可企业在设计指标时却偏偏喜欢用一个“预算达成率”；有的企业，成本管理是一个难题，别说将成本分解到具体作业活动上，就连基本的成本分摊都要几个人搞上好长时间；还有的企业，计划管理是一个难题，市场部本来就是靠天吃饭，却偏偏用计划完成率来进行考核。当这些看起来很美的指标脱离了实际的时候，员工平时根本算不清自己的账，考核能起到激励作用吗？

不要期望绩效考核能够解决一切问题，它只是一个工具而已。许多公司做着做着就忘记了实际，把理想当成了现实。不止一个老板对我讲，给财务设计指标时，一定要把财务分析加进去之类。是的，你认为他们应该这样没错，你可以将指标做指挥棒，但是你不可以将自己的理想全寄托在考核指标上。事实上，你只能基于现实，一点点推进。

的确，许多部门的工作存在难以量化或量化数据来源难的问题，但是我

想说的是，任何工作必然能找到量化的办法。办法在哪里？就在内行眼里。在外行人眼里，干好干坏一个样，但在内行眼里却非常清楚。找到那些对我们来说非常容易的、基于事实的、量化的指标来考核，才是有效的。譬如一个工程企业用“大客户一把手到访次数”来考察客户关系的紧密度，因为他们坚信，只要一把手来公司了，这个工程项目和后续项目必然差不了了。这个指标比一些时尚的指标好用得多。

（4）有绩效考核推进，但推进工作缺乏组织

曾经360度考核非常流行，现在还有企业在用，但许多企业却形式主义严重。

有人坚持月度考核为主，也有人坚持年度考核为佳。

对于考核的维度也有争论。有人主张只考核业绩，有人讲还需要增加态度和能力，有人讲态度和能力太虚，KPI就够了，还有人讲得有平衡计分卡。

其实，对于绩效考核的主体、客体、频度、维度、指标等方面，每个企业都有自己的实际情况，这些具体的推进工作，需要进行科学的规划和设计。

（5）绩效考核成了管理者巧妙推脱责任的工具

许多企业的管理者都希望有一套好的机制，尤其是考核机制，能让员工自动自发地工作，谁好谁坏一眼能看够清。所以，他们要量化、量化再量化。可能吗？绝对不可能。不然，要管理者干什么呢？

有些管理者认为，“该讲的我讲了，该说的我说了，该骂的我骂了”，下属再不做，就是执行力差，该开除的就要开除，该降职的就要降职。尤其是民营企业，似乎动不动就说下属的执行力差，实际上恰好是管理者不知如何履行管理者责任。别再犯解放战争时国民党的错误了：激励机制有，“每人几块大洋”；每种责任也明晰，“已经开过多次会了”；命令也已经下达，“给我上”……为什么还是不能胜利？再好的工具都不能取代管理责任。管理者是要负责管理责任的，而在绩效考核中，管理责任的核心就是沟通、沟通再沟

通。指标非常科学地下达了，考核非常科学地进行了，薪酬非常科学地奖罚分明了，“我根本用不着讲太多”。这不是科学的考核，而是科学的官僚主义。如上面所讲，绩效考核的根本目的是绩效管理。从管理者角度来讲，绩效考核只是帮助管理者提高管理水平，而不是让其巧妙逃避管理责任的。

对企业绩效考核的几点建议

绩效考核的扭曲反映我们企业对绩效考核的真谛把握不够，还需要多方面的努力。下面给出一些简单的建议。

首先，需要公司的领导重视，将绩效考核与企业管理的各个方面结合起来，促进绩效考核向绩效管理过渡，将企业管理以绩效考核为工具，不断完善。

其次，人力资源部要不断摸索符合企业实际需要的绩效考核甚至绩效管理办法，在理论上进行提升，知其然更知其所以然。

再次，非人力资源部门应该积极发挥绩效考核和管理中的应有作用，清楚定位自己在绩效考核和管理中的地位。事实上，非人力资源部门对绩效考核的误用是考核失效的主要原因之一，也是隐蔽的问题之一。

最后，将绩效考核与提高员工职业化水平和管理者管理水平结合起来，与企业文化变革结合起来。一个企业，若员工职业化水平低、管理者管理能力差、高层推动文化变革弱，则再好的考核都不可能引起绩效改善。

绩效文化强调什么

——效益观、考评观、分配观

阅读思考

1. 绩效文化体现在哪些方面？
2. 绩效文化如何测评？

绩效文化强调三个方面

绩效文化主要强调效益观、考评观与分配观三个方面。

效益观，强调绩效文化是为企业效益服务的，是试金石。如果一个企业文化不能促进效益的提升，这种文化就是不健康的。实际上，效益也是战略价值体现方式之一。绩效文化更多倾向于文化要为效益服务。

考评观强调公平。通过科学的评价方式，通过对劳动者付出的多少、难易、好坏进行评价，以便对战略实施效果、企业生产经营管理活动及岗位工作进行评价。一个企业如果不能树立起考评意识，就不能说是强的绩效文化。

分配观强调差距。公平不等于平均，和谐不等于大锅饭。差距恰当地体现了劳动的价值，绩效文化才得以体现。

绩效文化体现三个方面

绩效文化体现在三个方面——目标、过程和结果。从目标方面来看，主要强调战略意识，促进个人目标与组织目标一致。从过程来看，主要强调差异意识，促进人尽其能；从结果来看，差异分配才是公平，没有差异是不公平的，促进按绩效分配。

绩效文化的测评

绩效文化强调考评观，而绩效文化也是需要考评的。就是说，一个企业的绩效文化必须能够被测量，才能算得上合格。如果从事绩效文化的倡导者本身无法按绩效文化来操作，那么只能是一种坐而论道。

如何测评？文化测评方面，刘孝全先生在国内是权威。他怎么做的，我还真不甚知晓，那是他的“绝密”技术。这里我只谈点自己的理解。

常常说文化适合才是好的，那如何才叫适合？一是文化与战略方向匹配。文化指一个方向，战略是另一个方向，那不是适合。二是文化结构是未冲突的。质量文化强调一个方面，人力资源却强调另一个方面，那不是适合。三是文化管理水平如何。如果没有管理文化的基本能力，可能只会在大会小会上喊喊而已。

绩效文化测量之后的差异

绩效文化测量之后，便可能找到差异。差异文化也体现在三个方面。

一是个体之间的差异。我们必须承认人与人之间是有差异的，不同人在不同能力方面有着不同的优劣势，不同人在同一能力上也存在着差异。这些人行为背后的价值观和个体的文化，也必然存在差异。只有承认人的差异，才可能有效管理这种差异。

二是组织内部的群体与群体之间也存在着差异。企业内部有不同的正式组织和非正式组织，这些组织之间的文化是有差异的。譬如营销部门的人可能就会狼性一些，质量部门的人就会严酷一些。差异在可容忍范围内，组织是和谐的，但大到一定程度，就会有冲突。

三是企业整体与外部之间的差异。与国内同行之间有差异，有优势有劣势，我们必须发挥优势、回避劣势，使整个企业的绩效最大化。与国际一流企业也有差异，甚至这种差异是全方位的，需要各个组织不断努力，进而不断向优秀企业进化。

绩效考核量化与否并不重要

——选对考核方法最关键

阅读思考

1. 绩效考核方面有哪些演进阶段？
2. 你们公司如何实施量化考核的？

绩效考核量化与否并不重要，关键是选择的考核方法是否与企业实际相吻合。常见的考核方法，从最初关注个人评价，到关注个人绩效管理，最终会到关注组织绩效管理。

个人评价，主要看“德、勤、能、绩”四个方面，有些企业还会加上“廉”。该评价与组织目标实现的逻辑方面，关系往往是模糊的，甚至是离散的。但是这种方式，非常适合从来没有接触过考核的企业。

对于一些有了基本考核概念的企业，上了一个台阶即进行个人绩效考核，此时目标管理之类的思想才能用得上。但是，这还是侧重于个人评价。评价的常用指标，就是业绩、态度、能力之类。其中业绩目标基本上能够体现目标管理的思想，只是更多是静态的，侧重于结果状态的考核而非过程的管理。

过程的管理，往往需要从绩效考核慢慢向绩效管理的思路转变，其中一个重要但难度很大的工作就是量化意识的形成。很多以平衡计分卡为考核工具的公司，败就败在只是整个平衡计分卡的筐，把一些指标装进去了，但是没装进去行动计划、沟通计划等等。不是他们不愿意装，而是平衡计分卡讲求量化，而很多公司的计划云里雾里，就连发布计划的人合上稿子都说不清，更莫谈什么量化了。其次才是战略目标分解之类的原因。一个企业有了量化的习惯和意识，才可以逐步导入平衡计分卡或类似量化较多的考核方法。

真正进行平衡计分卡或 EVA 考核的公司，必须已有了非常好的管理基础。这个基础是综合性的，否则平衡计分卡只是变形的、有四个层面的一个框而已。

量化并不是不可以，只是若企业基础不到则不可盲目进行。要知道，管理能力的提升是一个缓慢的过程，必须不断设置新的阶梯目标，使之沿梯度进行。以下说个案例。

我们在 E 公司搞考核，就是采取这种梯度的思路。我们进入前，该公司已经请过国内著名的咨询公司了。那个公司给他们做了很好的考核咨询，包含很多量化的考核指标，的确很漂亮，但是不实用，实施不了。根源很简单——他们没有指标数据来源的支撑，也就是那些指标根本算不出来，譬如成本指标。

面对这种情况，我们试着把大家的注意力从考核指标转移到了做事上，或者叫作战略目标实现上。我们导入了战略地图。

在导入战略地图的基础上，我们首先形成了项目化行动计划体系，把大家的注意力转到做事的计划上。什么是项目化行动计划体系？主要强调的是除了日常工作之外，管理工作或经营工作必须能够不断提出新目标，新目标以项目化行动为主。所用的考核形式也并不高级，就是管理指标和量化指标，其中量化指标主要强调工作计划的达到，譬如工作计划完成率之类。运行一年，项目化的行动计划概念得到了欢迎，再没有部门提“继续提高核心竞争力”之类的口号了。

其次，我们开始强调有序化的沟通。每季度，各个部门用我们的模板进行工作汇报和总结。这个模板要求尽量用量化的语言。大家在一个平台上，用一种可共同接受的语言方式沟通，这样就避免了“存在一定成绩，还需继续努力”之类的虚话。之后，不知不觉中，计划意识推行了，数据收集的意识也在慢慢形成，用量化的语言描述管理工作的习惯也开始养成。这又是一年时间。

后来，我们才慢慢开始逐步引入战略成熟度之类的概念，使大家真正开始关注结果之前的过程，并使一些看似不易量化的工作，如人力资源准备度等，也被创新者开始探索。这个时期，项目已经进行了近两年，平衡计分卡应用还属于摸索阶段。此外，我们在薪酬上也进行了组合化的处理。

我们在 E 公司前后做了八年管理咨询工作，至今还在延续着。在绩效考核问题上，也一直在进行着探索。期间，这家公司的管理水平不断上升，量化意识不断增强，但还有很多难题没有解决，譬如管理活动如何结合作业成本法进行量化分解之类，也就是并没有做到完全意义上的量化。看到一些管理基础很差的公司，动不动号称一两个月就完全量化了，我不由得想笑。量化与否并不重要，重要的是管理工作能否不断提升，否则，可能会舍本逐末。

商业模式价值链还是短些好

——对互联网企业盈利模式的思考

阅读思考

1. 时下流行的互联网价值链有哪些?
2. 为何商业价值链应短一些?

近来曾与做互联网的朋友一起聊过天。他们都是精英，对事业充满热情，很有思路也很努力，但是许多人离所谓的成功还是很远。套用一句话，就是“成功都是相似的，没有成功却各有各的原因”。许多人似乎都有非常自信的商业模式，但是却常常搞不清为什么这些商业模式应用起来却不那么容易成功。

说成功似乎都是相似的，是因为互联网的成功似乎常常就那么有限的几招：几年之内上市，某个阶段卖给大网站或大公司，拿到风险投资等等。千军万马过独木桥，上市的毕竟是少数。尽管这样，人们还是千方百计地证明自己的商业模式如何如何优秀，从数学逻辑上严格证明，从马云、史玉柱、丁磊等少量案例进行归纳式总结支持性证明或反驳式证明，甚至仅仅用激情去证明。从他们的故事中我发现一个共同点，就是商业逻辑链很长。从简单的网上客户群的界定到自己服务价值的界定，以及两者之间的连接，都要讲很长时间，而且常常每次讲的版本都不同。

互联网公司的价值是什么？这个问题不好回答，但似乎每一个互联网从业人员，技术的、市场的、管理的、投资的，甚至迷恋互联网的人士都有自己独特的见解。这些见解许多时候听起来非常正确，也会引起一部分人群的共鸣，可是当转化为商业模式的时候，却开始变得冗长而模糊。举个最常听到的例子。某互联网人士自称其商业模式是：针对某个细化市场或者长尾受众群体进行服务设计——提高注意力价值——增加会员数量——扩大点击量——推广服务——获利。似乎逻辑非常正确，但是问题在于，注意力提升了，会员数量一定会增加吗？会员数量增加了，点击量一定增加吗？点击量增加了，一定会增加收费的点击数吗？可能一定假设条件下，每一步都是正相关的，但很长的链条之后，相关性却不一定那么强了，因为你无法保证每一步中的假设条件都不变化，而且每一步假设都那么正确。其实任何一点变化，后面的结果放到实践中就会有很大不同。于是，我们看到许多免费点击时流量非常大的网站，收费后却无法盈利。人们常常忽视问题之间逻辑的适用条件。譬如，都说流量为王，那么什么条件下流量为王？怎么就为王了？多点思考，就会多点成功的概率。

当然，许多人并不一定认同互联网公司的价值等同于财务价值。这一点我也同意，因为互联网世界应该有其独特的逻辑，这个逻辑前提可能不同于西方经济学著名的心理假设。问题是，许多人讲自己的互联网公司故事时，不是遵守不遵守传统商业逻辑的问题，而是遵守了传统商业逻辑早已摒弃的“技术主导逻辑”的问题。譬如，许多人动不动就谈自己的 WEB3.0、SNS，谈自己的各种让外行人听不懂的技术。一般商业思维可能替代不了互联网思维，但技术思维的故事绝对不是商业故事。商业逻辑中少了些自己的客户，显然是互联网与传统商业思维都不能接受的。

现在的实际问题又在于，互联网价值到底遵守什么逻辑，还没有普遍的共识。譬如，人们为什么愿意花上真金白银为对方的QQ买件虚拟的衣服？搞不清不要紧，因为不是理论研究，可是搞不清之前，凭直觉进行商业模式设计时还是让逻辑链短一些为好。要清晰地回答我提供什么有价值的服务给网上客户，我将获得什么样的回报的问题。回答时的环节越长，中间所含的技术语言越多，盈利模式失败的风险越大。

最后注意一点，我这里所说的成功对应的是“没有成功”，而不是那种简单的“失败”。因为，没有成功的人也在积极探索，并不等于不能成功。其实再想想，商业逻辑链短一些，传统商业不也是如此要求吗？

第3篇

人性的微妙

当领导应先提升管理素质

根据员工特征灵活调整管理风格

管理者应按管理思维思考问题

人性对管理风格的微妙影响

完善的规则和机制才是以人为本

……

不是每个人都会做上司

——当领导应先提升管理素质

阅读思考

1. 领导最重要的素质是什么?
2. 什么样的领导才能得到大家认可?

企业真是个奇怪的地方。有些非常聪明的人，在企业里说变笨就变笨了。一个年轻人在自己的岗位上表现非常优秀，某一天被上司看中了，立刻予以重用。但很快上司发现这个人也开始变笨了，连一些小事都跟不上领导的思路。

“基层跟不上中层的思路，中层跟不上高层的思路”，这种现象在企业里比比皆是。

到底是什么原因让聪明的年轻人变“笨”了?答案可能只有一个——没有笨的兵，只有笨的上司。不是每个人都会做好上司的。

有位上司个人思路非常清晰，下属做不来的事，只要他一出手，就能够做得非常漂亮。任何时候，这位上司都能够一眼发现下属失误的地方。甚至他不用去看，就能猜到下属将会在什么地方出错，让你不得不服。跟在这样的领导后面做事，那才真叫累。由于信息的严重不对称，你既不知道上司所拥有的信息，也不知道他真正的思路是什么，而且你也不敢独立思考，你所能做的就是不断地猜测、验证。但累死你了，就能猜着吗？越猜越笨，再努力只能是等着挨批。

这样的上司最大的错误在于个人智商过高而管理情商过低。他根本不懂得如何通过别人去完成工作。人各不同，作为领导最重要的是利用下属的特点，施以不同的领导风格，使之发挥出最大潜力。总是强调个人智商，管理情商自然会被忽视。

一些上司却是另外一个极端。我经常见到这样布置任务的方式："某某，你把这事先做一下。"下边问他要做到什么程度，他会说先拿个思路出来再讨论，要快。下属如果问得多点，他就会感叹："怎么有那么多事，不能动脑筋吗?"这类上司往往本身思维不够清晰，根本不知道想要下属做什么，也不知道布置任务要达成什么样的目的，稀里糊涂的。而下边的人领任务时根本不清楚，更不知道整体思路是什么，做起来自然不知如何下手，也非常累。

不是每个人都会做上司。我们常说，人是最复杂的动物，做上司就是要让最复杂的动物在组织当中简单起来。让所有人简单到个人目标与组织目标相统一，让所有人心甘情愿地将自身特殊性降低到了最低点，这样的领导越会得到大家的认可。

管理是有些学问的，可能你不必专门到商学院去进修，但还是需要正视它。如果你总感到员工跟不上你的思路，可能你真该考虑考虑自己的领导艺术了。如果你的艺术性非常好，而下面还是一团糟，那也许就是你的管理系统出问题了，需要提升管理素质了。

用人的一点学问

——根据员工特征灵活调整管理风格

阅读思考

1. 如何管理不同风格的员工？

2. 碰到一个有能力却不愿干的下属，应怎么对待他？

谁都知道用人重要。“管理就是对人的管理”“管理就是要调动人的积极性”“管理就是要凝聚人”等等说法，都是在强调用人的重要性。

如何用人？许多人都能说出个一二三来。“用人不疑，疑人不用”，是说领导要信任下属，学会观察和判断人。“用人所长”，强调了要能够发现不同人的优劣势，扬长避短。如此等等，都从不同侧面道出了用人的艺术。

道理是道理，但回到实际管理工作中，就不是每个人都能做好的了。

我曾给有多年管理经验的竞聘者们出过这样一道题，让许多人找不着了北。

假如你是一个上司，你下面有两个人，一老一小。老的那位工作时间比你还长，经验非常丰富，能力也强，就是工作积极性不高。他在单位里的时间长了，各种改革经历的也多了，自我感觉把一切看透了，也不求什么了。

你要求什么他做什么，但总会用各种借口拖时间或半途而废，工作交给他总不放心；另一位年轻同志，刚参加工作，经验欠缺，能力也不够，但是积极性很强，凡事都很主动，就是做的活毛里毛糙，交给他也不放心。我的问题是，单位就给你配了这两个人，你该用老的还是小的？还是都用？如何用？

这个题目很简单，所说的事情在组织中也很常遍。

我收到的答案五花八门。有人说应该用老的，因为老同志经验丰富，更有工作能力。虽说积极性不高，但是你对他多尊敬点不就行了？有人说应该用小的，因为小同志虽然现在不会，但是可以培养啊。

看完这些答案之后，我有点想笑。

一个虚拟的案例，就让人们把平时所听到、学到的各种用人道理给忘记了。可见在现实中，这些事情多让人发愁啊。单就这件事而言，除了员工的执行力有问题外，最重要的就是管理者的执行力不足，因为他首先没有学会用管理的思维来思考管理问题。

管理思维的含义非常广泛，其中一点就是要认识到管理的特性。管理是通过别人来完成自己想完成工作的一门学问。因此，不论下属是能力强还是能力弱，是主动性强还是主动性差，你都得用。人无完人，谁都有缺点，我们能做的就是发现不同人的特点，并配合以不同的管理风格，以达到团队的目标。

正确答案当然是老的和小的都要用，关键是如何用。

从能力和积极性两个方面考虑，我们常见的下属可分为四种类型，分别需要用不同的方法进行管理。

第一种是既能干又愿意干的，这当然是理想的类型，基本就是我们常说的骨干员工。从理论上来说，这类人多好啊。可是这么好的人，也不是人人都能管好的。本来骨干员工能够轻松做好的事情，有些领导还要不停地叮嘱，不断地检查，不停地听汇报，那谁不烦啊。这就是有人常常抱怨的“领导插手过多”，是一种典型的管理风格不当。对骨干员工最好的方式是授权，交代清楚要做的事情后，就放手让他去做。

第二种是既不能干又不愿干的。这种最糟糕，管理者都头痛。这些人如果要用，最好的方式就是强迫，将一件事情分成若干小事情，每一阶段都监督、敦促。

第三种是能干却不愿干的，也就是案例中的老同志。员工积极性不高，理论上来说肯定是有原因的，找到原因是可以解决的。但事实上在现实中，找到病根并根治的成本非常之高，时间也久。譬如，他可能根本就是想调到另外一个单位去，或者就等着退休，或者想升官但无望了，就干混着，你能怎么着？对于这类人，最好的方式就是控制，交代好工作，多关注，时时对事情的进度、质量有个把握。

第四种是不能干但愿意干的，就像案例中的年轻同志。这样的人，管理者有时还是喜欢的。每个人成长都有个过程。对这类人，管理者要像个教练，手把手地教着。有时鼓励一下，有时要严厉批评一下。

管理者要学会用管理手段解决管理问题，而管理本身既是科学又是艺术。它有一定的道理或规律在其中，也需要管理者根据实践去灵活调整。一个能力强主动性也很强的人，如果你管理不好，就有可能成了一个能力强却消极的人。一个能力不强却主动的人，如果管理不好，也有可能变成能力弱且消极的人。一旦因为你管理不好让一个人变化了，再要变回来就不容易了。所以说，管理者不会管理常常是执行力弱的关键原因之一。

那次竞聘笔试之后很久，许多人还在讨论那个案例。后来在面试中，一个竞聘者理直气壮地告诉我："我两个都不要，开除了，重新招人。"我笑着问他："人都开完了，找谁干活去？""不行就换人"的念头，许多管理者在某个瞬间都可能动过，但动过之后还是需要理性的。如果你在管理工作中常存理性，那就说明你在管理上成熟了。当然，不是每个管理者都会灵活调整管理风格的。

管理者需要隐藏自己的个性吗

——管理者应按管理思维思考问题

阅读思考

1. 如何对待一个不喜欢的下属？

2. 为什么管理者要隐藏自己的个性？

敲下这个题目的时候，M总的谈话还在我的耳边回响。她是近几年才从中层走向高层的，之前是市场部门负责人，带着几个兵。事实上，那时她也就是个大业务员而已，自己找市场、自己搞定并维护客户。办公室里的杂事交给下属料理，那几个下属实际上也是业务员，只是比她“小”一些而已。“所有人都是给老板打工的”，拿到市场才是硬道理，所以她没把自己当官，那些下属也没把她当官。后来，她做到了高层，分管了包括市场部、客服部还有销售部几个部门，她开始头疼了。最要命的是，她打心眼里瞧不上下面某些部门的经理，那些人似乎也瞧不上她。她觉得有些事让他们做真是瞎耽误功夫，恨不得亲自去做，但又不能越权。或许是身为年轻女性的缘故，她的这种不满随着时间的推移被不断放大，先怨后恨，最后由事及人，恨不得某些人立马消失。

与 M 总聊天的时候，我的思绪时远时近地飞着，仿佛一个旁观者在听别人讲遥远的故事。“我也知道，当从纯业务型转向管理的时候，得有一个适应过程，那么我该怎么去做呢？”她问我。这时我的脑海里呈现出的不是诸如“如何做一个职业经理人”之类杂七杂八的理论，而是呈出了一个金字塔形的组织，在这个组织中，从上到下排列着一个个岗位，而 M 总正在某个岗位上牢骚满腹。我进而假想着，若每个人的个性都非常鲜明，爱恨分明，那会出现什么样的情况？

“管理者还是要隐藏自己的个性，在管理的岗位上要做的就是管理工作。”我这样回答。聊天时，我并不想给人上课的感觉，但还是有这样倾向。管理者在管理的岗位上就是做管理工作，做管理工作就是要遵守管理的规律，就像工人在流水线上作业，就要遵守流水线的规律一样。不遵守流水线的规律，在机器高快速运转的环境中就很容易受伤。管理工作也是如此。你可以喜欢一个人，也可以根本不喜欢一个人，但你要做的就是依据管理的思维、方法进行责任的界定、激励与惩罚。你没有自己的个性，爱或恨。即使在你的面前站着的是一个你非常恨的人，你要做的也只能是忘记自己的恨或爱。

管理者的唯一依据就是管理规则。

“这样会不会压抑管理者自己呢？”当这样说完之后，我随后又突然意识到这个问题，那就是管理最重要的就是尊重人性。要求管理者隐藏个性，是不是对管理者太残忍了点呢？

对大多数人，这的确是个问题，但也有少数人对此并不以为然。有些人天生就具备管理者的基本素质，他们的个性与管理者的要求天生吻合。这些人的个性可以在管理工作中更好地舒展，而根本不会被压抑。企业提拔管理者，首先就要寻找这样的人。但这样的人，往往是可遇不可求的。对大多数管理者来说，必然要面临隐藏个性的问题。

我认为，管理者隐藏个性可以分为三个阶段。第一个阶段，就是作为新手，如刚上任的经理，必须隐藏自己的个性，严格按照规律办事。这个规律，就是管理的规律，更多是管理的科学性规律。第二个阶段，就是结合实际不断调整，形成适合自己个性的管理风格。这时也要遵守管理规律，而这种规律更多的是管理的艺术规律。第三个阶段则是个性与规律融合为一。要说个性，也是形成适合管理岗位的个性。或许这也可以称作是管理者的职业化过程。这一过程有长有短，有人一辈子都没有完成，有人天生可能就具备。如果先天不具备，那就只能后天来培养。

隐藏管理者的个性，实际上强调的是管理者要按管理思维思考问题，用管理手段解决管理问题。尤其是在人际关系方面，更需要站在管理的角度分析对方的需求，寻找适合组织目标最大化的方案。这里任何强调个性或者个人喜怒偏好的做法，都可能会使事情变得更糟。

差异化的领导风格

——人性对管理风格的微妙影响

阅读思考

1. 你所了解的领导风格有哪些？

2. 为何要做“秀才中的兵”“兵中的秀才”？

在人本管理盛行的今天，人们对领导的管理风格也多有看法。凭感觉来说，一个有着宽容大气、尊重下属、果断坚定等特质的领导，大约就是人们心目中的好领导。这些特质在不同情境下会有不同的表现形式。学过管理的人都知道，管理风格要与环境相匹配，譬如对于建筑公司之类的环境，用“胡萝卜加大棒”式的管理最有效，也会显得大气、果断。如果用书生的方式来管理，必然会“秀才遇到兵”，显得迂腐、软弱。相反，在知识分子的环境中，就需要人性化管理，否则会“众叛亲离”。这是管理学教科书中的常见说法，可是事实真是这样绝对吗？

有一个可能让你感到不可思议的观点，或者说听完之后马上会反对的说法，那就是：在知识含量低的环境，人性化的领导更易得到大家的认同；在知识含量高的环境，非人性化的管理方式更易得到大家的认同。我称之为差异化的领导，也就是领导风格正好与下属知识含量负相关。换句话说，不是秀才遇到兵有理讲不清，而是领导也是秀才、兵也是秀才时才有理讲不清。真正受人尊敬的领导不是秀才，也不是兵，而是秀才队伍中的兵，兵队伍中的秀才。

你可能不信，不过如果留心观察一下周围的领导，你也许会接受这种看法。这是一个有趣的现象。

在那些知识含量较少的体力劳动行业，人们谈起受人尊敬的领导时，并不推崇那些动不动就严厉批评的人。人们往往会怀念某个领导如何平易近人，什么时候都是面带微笑，大老远就会喊出你的名字，你有任何困难他都会主动听你诉说，与你分析并帮你解决等。相反，对那些严厉的、动不动就牛哄哄的领导，人们回忆起来时，往往总会表现出不以为然的表情。可以说，在知识含量低的行业，受尊敬的领导往往采用的是“知识含量较高”的领导方式。

知识含量较高的智力行业，却往往相反。人们说起某个好领导时，会更多强调，那个领导是怎么杀伐决断、说一不二。譬如一个博士成堆的单位，人们谈起老领导时，常常会谈到，那个领导的办公室轻易不敢进的，有事说事，想糊弄根本不可能。领导不听解释，只要结果，容不得半点商量。甚至，有些人还会津津有味地给你讲起老领导的“痞”劲。

这些现象与我们平常的理解有很大出入，但却恰好印证了“根据不同情景采用不同领导风格”的权变理论。知识含量低的体力劳动者，直来直去多了。你做得对，他们就认同；你错了，他们就烦。同样，他们对自己也是这样，做得对就是对，错就是错。他们要的往往是一个说法。不管是全面的说法还是片面的说法，只要让他们服了，他们就会认同你。如果领导会绕弯弯，他们反倒会觉得“政策水平就是高”。知识含量高的智力劳动者，你不给他绕弯弯他也会给你绕弯弯。他们考虑问题常常力求全面，要讲的道理也多，甚至有时自己失误了也能够说出很多道道来。管理上的事情本来就是系统的、相互关联的，要找到自圆其说的道道，对他们来说并不难。这时如果领导掉到了其中，跟着他们绕，还真是难以得出结论。这时，如果领导还是与其讲道理，就是秀才遇到兵了。直接从最基本的道理出发，果断些，甚至强硬些、霸道些，反倒能服人。

这样的说法可能还不足以为信。你可以观察一下身边受人尊敬的领导，也许会发现，领导都与我们想象的不同。在体力劳动者居多的行业，明明领导也是从基层大碗喝酒大块吃肉一刀一枪干起来的，可人家讲起话来就是不一样，总是要显得知识分子一些，动不动引经据典。人们说这样的领导“理论水平高”“修养好”“没架子”，这样的领导就像是兵中的秀才。在知识分子堆中的领导，明明也是从学校出来的舞文弄墨的人，可常常表现出来的做法，倒不像书生，而更多的是有点“商气”“霸气”，讲起话甚至“直来直去”，按有些人的话说，甚至有些耍赖，但赖得可爱。这样的领导就像是秀才中的兵。

差异化的领导风格，实际上恰好符合人性的规律。人都有个特点，对自己拥有的并不一定看重，对自己没有的常常会倍感珍惜。文科生中理科学得最好的人，理科生中文科最好的人，歌星当中体育最好的，运动员当中唱歌最好的等等，都会让同行刮目相看。这时你比的不是人家的长处，而是人家的短板，人们自然会自叹弗如。在胡萝卜加大棒成为普遍领导风格的地方，人性化的领导总是让人刮目相看，因为很多人缺的是人性化，不懂如何关心人，甚至推崇“打是亲、骂是爱”。在人性化成为普遍领导风格的地方，胡萝卜加大棒往往令人耳目一新，同样，因为人们缺的是快刀斩乱麻的能力，所以若你能快刀斩乱麻，自可让人信服。

仔细看看，是不是身边的领导总是与一般人不同呢？兵中像个秀才，秀才中像个兵。或许套用老话来说，“领导嘛，当然要与大家不同”。

人情化管理是对管理的误读

——完善的规则和机制才是以人为本

阅读思考

1. 你认为什么是真正的以人为本？
2. 你是否赞同人情化管理？

无意中发现，人情化管理成了热门话题。当沿着所谓的人情化管理的思想往下延伸时会发现，我们缺少的并不是人情化管理，相反，我们缺少的恰恰是那种刚性的制度化管理，那种对规则的尊重。没有刚性的制度化管理这个基础，那些所谓的人情化管理，只会是混乱管理，给某些人以“浑水摸鱼”的机会。

人情化管理，无非是满足了人们潜意识中对规则约束的不适应而已。由于员工职业化水平普遍缺乏，刚性的制度管理对他们的约束就显得有些多，在他们还未完全适应时，这些约束很容易引起他们潜意识中的反感。由于管理层管理素质不高，制度的执行与管理之间脱节，很多时候制度不是人人敬畏的规则，而成了约束别人的工具。更有甚者，制度不仅是约束别人的工具，也成了放纵自己的工具。由于管理者上面还有管理者，因此约束别人、放纵自己的结果，必然是每个单位的一把手成了最后的王者，组织内部一团糟。“烂制度”及“表面制度管、实际人来管”的情况太多，所以就有人呼吁要“人情化”管理。

但是，真正的管理进化首先需要建立在制度管理的基础上。海尔公司最初的制度是“车间里不能随地大小便”。试想，这个制度出台的背景是什么？必然是员工在车间里自由奔放的个性舒展。再试想，当这个著名的制度出台时，那些原始状态的员工会是什么样的心情？必然是在个性不得舒展时感到生理和心理上双重痛苦。当我们过了那个阶段，以“会心”的微笑回看海尔历史上的制度时，别的公司同样也会以“会心”的微笑看向我们，因为他们早已过了我们现在的阶段。有些痛苦是必须经历的，逃避不是办法。人情化管理能够使得海尔成为国际化海尔吗？不可能。

规则是用来遵守的，人情化管理无法代替规则。规则不合适可以修改，但不能用人情化管理替代。越谈论什么人情化，越会失去对规则的尊重。在一些小城市，车可以靠左行、抢车道，交警可以实行“人情化管理”，但结果是什么？更乱！想罚就罚，不想罚就不罚。交警翻云覆雨，而人们对规则更加蔑视，对交警更加害怕。为什么大城市好一些呢？因为人们清楚地知道，靠右行的规则是必须遵守的，没有什么可商量的。当我们大谈人情化管理时，反映出来的不是我们制度化管理太过了，而是制度化管理水平太低了。

也许有人会随意地讲出一些成功管理者的例子，说他们的人格力量在管理中起到了很大的作用等等。这样的例子当然有，但是有一点需要注意，请勿将他们的人格力量等同于人情化管理。人格力量是管理者的个人风格，而不是企业的管理风格。企业的管理风格必然以制度化管理为基础，在这个基础上结合各自特点呈现出的人性化、人文化特征。李嘉诚对人充满尊重，修养很好，但是如果他不能建立起一套刚性的、人人都遵守的规则，不能建立起奖罚分明的机制，不能建立起是非的基本界线，能够成就伟大的事业吗？

人格力量也罢，微笑管理也罢，关心员工也罢，必然首先是建立刚性的神圣制度。事实上李嘉诚、曾宪梓、柳传志等人之所以能发展起来，都是因为建立起了规范的制度化管理，而不是因为企业里实行了所谓的人情化管理。

企业终究是要从一个低级状态向高级状态进化的。这种进化不是自然产生的，需要我们迫使企业管理水平不断上升、员工素质不断提高，而在这些提升中，制度化又是必然的。

对就是对，错就是错，对错都搞不清时，谈人情化对企业有百害而无一利。把规则建立完成了，将机制完善了，让每个人，上至董事长下至保安都知晓规则是要共同遵守的，这时再谈别的，才是真正的以人为本。

“对事不对人”的管理更好吗

——当价值观不统一时应多些权变

阅读思考

1. 你在管理中倾向于“对事不对人”还是“对人不对事”？
2. “对事不对人”的管理有什么利弊？

应该对人不对事，还是对事不对人？对大多数人来说，可能更认同后者。原因可能五花八门，但是归结起来就一句话：“对事不对人，能够避免许多人际关系的烦恼。”

“对人不对事”的人非常多，他们的最大特点就是偏向其倚重的人。凡是“属于”他们的人，他们会千方百计地表扬、栽培、提携；凡不“属于”他们的人，他们会千方百计地冷漠、打压、排挤。举个例子，譬如写一份报告。如果是他们的人写的，哪怕在私底下会对报告严厉地挑剔，但是一旦到了正式场合，绝对会对其大加赞赏。如果是别人写的，私下里他们可能不理睬，但到了正式场合，他们会先否定再提意见。哪怕他们提的意见与报告并不矛盾。更有甚者，明明是别人的功劳，他们会不客气地记在自己人的名下。

“对事不对人”的人也非常多。这个理念是许多人追求和期望的。在这种环境下，错或对，黑或白，一目了然，没有情感因素在里面。譬如，一个人昨天做错了某事，就得批评；今天又做了好事，就得表扬。无论受到批评还是表扬，都应冷静对待，这是上司对下属的要求。同样，下属也对上司有类似的要求，人们期望自己的上司能够具体问题具体分析，别一棍子把人打死，不分青红皂白地批评。

人们常常会赞美那些“对事对不人”的人，而将鄙视的目光留给那些“对人不对事的人”。可非常有趣的是，工作中许多事情并不像上面的分类这么清楚。同样的一个人对同一件事进行处理，是对事不对人还是对人不对事，不同的人可能得出不同的判断。有人认为，某人做事的风格是“对事不对人”，有人却可能认为他是“对人不对事”。譬如，某人的工作出现失误了，你给予批评，态度柔和但立场坚定。被批评者如果是敏感型的人，你本来是对事不对人，他却可能坚定地认为你是对人不对事，吹毛求疵；如果是个不敏感的人，你本来是对人不对事，就是烦他，可他却嘻嘻哈哈而过，以为你是就事论事。这样的情况不在少数。

再以组织内常见的现象为例。同样的事情，不同人的看法也会显著不同。譬如，有些人离职了，离开企业后依然“门庭若市”。有些人离职了，马上会“人走茶凉”。有些人会认为，之所以门庭若市，是因为做人成功、做事客观，属于那种“对事不对人”的人；而另外一些人却可能认为，之所以门庭若市，关键是那个人会拉关系，会拉帮结派。对于“人走茶凉”的看法自然也会不同。有些人认为是离职的人在管理上“对人不对事”，提拔的都是些善于钻营的人；而有些人会认为离职的人是由于“太死板”，只认死理，太过于“对事不对人了”，才导致离职后没人搭理。

其实，“对人不对事”还是“对事不对人”只是简单的说法而已，并没有绝对的标准。它反映了人们对组织内部管理“客观、科学、公平”的期望，对“主观、粗放、偏袒”的不满意。然而，对于“客观”与“主观”、“科学”与“粗放”、“公平”与“偏袒”的区分标准，却与每个人的价值观密切相关，并因不同人的不同价值观而不同。“物以类聚、人以群分”，价值观相同或相近的一群人更容易相互接受，共同认可同一标准。一个人的行为，在自己的那些群人眼里是“对事不对人”，在另一群人眼里却可能成为“对人不对事”。

心中有佛，看到的就是佛；心中有魔，看到的就是魔。如果大家心中都有佛或魔，对事不对人更好。如果你心中有佛，他心中有魔，或他心中有佛，你心中有魔，你要坚定搞对事对不人，可能会乱套。因此，要说对事不对人，绝对是真理，但在价值观还未完全统一时，权变一些，对人与对事相结合不失为好的方法。或许这就是自古到今，总是有嫡系不嫡系之说的原因吧。

别用圣人的标准要求下属

——执行或改变先从管理者开始

阅读思考

1. 执行难的原因，可能有哪些？
2. 如何对待不遵守规定的下属？

企业里谈论人或事总有个标准。这个标准往往有双重性，对自己一套，对别人另一套，而且常常会犯一个最基本的错误——“严于律人，宽于律己”。管理者尤其这样。

管理者发布一项命令，要求人人都要执行时，往往会漏掉自己。譬如，管理者可能要求下属注意细节，因为细节决定成败，但是自己却不一定真的在意细节。再譬如，管理者可能要求下属对会议的结果无条件执行，自己却对布置的任务应付交差。

上个星期，和A公司的一些管理者在一起谈事。这个企业响应国家号召，要推行学习型组织。学习型组织当然要学习了，就以量化的方式要求下面每人每季度读一本书。按说这不难，可结果，几乎没有人完成。理由一大堆，让管理者们非常生气。公司找我开会谈的就是这事，目的是计划动用绩效考核的工具，以扣奖金来处罚，督促大家看书。

对于这类抱怨，我一般不愿意听也不想管。因为管理咨询不是解决这些事情的。可拗不过他们，后来我还是讲了自己的看法。我说，这个问题的根源不在于考核不考核。我们所学的管理知识的出发点总是想管理别人，而不是想管自己。当总想着管理别人的时候，便会有叶公好龙的现象发生。表面上看，对公司非常热爱，实际上只是玩玩管理游戏而已。讲到这里，有些人已经差不多明白了，不说话了，但还有一个极力想表现的管理者对我讲："任博士，你就直接给我们讲怎么把读书活动开展下去吧。"我说，那好吧，在座的管理者谁按时完成一季度看一本书的任务了？大家面面相觑，没人说话。一群根本不读书的人在讨论着如何让全员读书，这本身就很好笑。想一想，没有完成任务的管理者，却在商量着如何处罚没有完成任务的下属，不是游戏么？

管理者是管理别人的，很少有人记得管理自己。权力是什么？实际上就是可以约束别人而不约束自己的优势而已。形成权力的来源是什么？实际上就是信息不对称，你可以知道别人做得不好而别人却无法知道你做的情况而已。一般人都会认为，这种现象在国企多点，实际上在民企也并不少。

管理应该是在领导者与下属之间进行，不可能是单向的。己所不欲，勿施于人嘛。我们不可能用圣人的标准要求部下，除非我们是圣人。

对那个企业，我最终的建议是：要真考核，那就从高层开始。高层管理者每季度完成一本书，写出读书心得。强行排序，请外部专家匿名对读书心得评出分数。高层管理者的分数和名次一律在公司网站上公布。我说，这样可保证公司读书任务按时完成。结果是，有个管理者对我说："何必这么认真呢?"我笑了笑，仔细听那些管理者从理论到实际的侃侃而谈。

"跟我上"共产党胜利了，"给我上"国民党失败了。一字之差，表现在企业当中，体会一下也蛮有意思。

有什么好的管理理念和方法，先从管理者带头开始，肯定效果会更好点。

有钱未必能招聘来“鬼”推磨

——缺乏人才时先从内部寻找

阅读思考

1. 为什么高薪也不一定挖来人才？
2. 企业的人才环境对人才有什么影响？

现在人才市场爆满，一个供过于求的局面总会让某些老板自信过度，认为只要肯出钱，什么样的人都能招来。“有钱能使鬼推磨”常常出现在一些民营企业的小老板口中，并以此来质疑招聘主管的招聘水平。大老板虽然不这样说，但很多人心里却还留着念想，期望能招来高手，让公司来个天翻地覆的变化。然而，事实却总并非如此，招个能人真的比登天还难。

有个民营企业老板，非常看不上现有的员工，感到他们视野太狭窄，水平太低，渴望有着高素质人才进来。经朋友介绍，他认识了一位行业里的人才，在外企工作。他信心十足地想挖这位人才加盟，愿意付的薪水是这个人当时薪水的三倍甚至更高。但是，跟踪了三年下来也没有达成目标。尽管自己愿意出很高的价格，但别人还是不愿意来。

对那位人才来讲，我想至少有几个因素促使他选择不考虑这家民营企业。

一是民企的职位缺少国际化元素，更多的是乡土气息。这一点不管愿意不愿意听，往往是事实。乡土气息过浓意味着人才流动性的潜在资本减少，无形资产存在贬值。原来还能卖三万，到你这干两年，出去才能卖三千，还有价无市，谁愿意来啊？

二是职位专业性水平太低，专业水准存在降低可能。民企的职位所负责的范围往往很广，那些职位说明书的内容很容易为老板的意志左右。相应地，职责过于丰富化了，专业性往往不强，从而导致存在专业水平降低的风险。专业水平降低了，职位可替代性就增强，专业价值就贬值了。

三是职位的发展空间有限。一个公司，最上面就是老板，你稍微努力一下就达到了天花板。达到了天花板，怎么办？跳，还是留？职位的长期资本收益看跌，自然要做一下减值准备。

我经常说一句老板们不爱听的话，那就是企业所获取的人才与企业的发展状态是相对应的。通俗一点讲，你是什么样的企业，就只能找到什么样的人才；有什么样的人才，就有什么样的企业。这中间必然有一个连续的过程，别指望一下子找来许多高手，企业就发生翻天覆地的变化。且不说人才能不能来的问题，单是人来了，也还有个能不能留住的问题。招得到招不到，留得住留不住，用得好用不好，都与企业的人才环境密切不可分。而人才环境又不是一日两日可以改变的。

别老盯着外面，把目光放到企业内部，踏踏实实地发展现有人才才是正策。踏踏实实地发展现有人才了，才能踏踏实实地持续完善人才发展环境，也才能准确地判断自己的人才需求。知道现有人才缺什么，不能干什么，高手来能带来什么，能干什么，这样才能切合实际地招到与自己企业相符合的人。否则，不知道现在的人才缺什么，只笼统地知道缺少执行力、战略眼光之类，分不清是人的问题还是人才环境的问题，总想着招个人来解决问题，实质上是一种逃避。如果是人才环境出了问题，人才在这样的环境下发挥不出才能，只一门心思地去招人，那招来的人也发挥不出才能，招聘必然会失败。许多民营企业就是这样，招人又总觉得这不合适那不合适，根源就在于没有认真地盯向内部，没有找到缺人的真正原因。我曾经看到过这样的企业选人标准：专业不对口不要，专业对口了行业不对口不要，行业也对口了，但人才原来所在公司与自己的盈利模式不同也不要……自己根本说不清想要什么样的人，把招聘面试当成了赌博。

民营企业招人的确会有难度，这是社会大环境造成的，我们能做的就是正视这个问题，让眼睛向内看，起码要知道想招什么样的人、能招到什么样的人。当然，不光应知道这些，还要知道如何培训、提升内部人员能力素质，知道如何开发人才。否则，光靠招聘，成本也非常高。“有钱未必能使鬼推磨”，而且“花了钱也未必能使鬼推磨”。对于大多数企业来说，把目光盯到内部可能是正途。

人人都有自己的需求

——根据需求进行不同的激励

阅读思考

1. 人的需求通常分哪些？
2. 如何针对不同的员工进行不同的激励？

人的需求是多样的，然而管理者却常常忽视这一点。

很多管理者简单地认为，“谁不是为钱而来工作的？”人都是自私的、逐利的，因此最好的管理方法就是“胡萝卜加大棒”。这就是所谓的经济人假设，也可以说是 X 观点。然而，也有很多不那么简单的管理者却认为，“人不光是为了钱而来的，毕竟也是社会的一员”。这些管理者主张“以人为本”，他们认为人是能够自我管理的，而不总是偷懒的。这就是所谓的社会人假设，即 Y 观点。

企业里有一个有趣的现象，就是一个人成为管理者以前，往往持有 Y 观点，主张充分发挥人的积极性，但是一旦成为了管理者，往往就开始倾向于 X 观点。

M 先生就是其中一例。几年前，我与他认识的时候，他只是一个刚从商学院毕业的MBA学生，在一个企业集团投资管理部担任一个没有下属的主管。那时，我所听到的都是他对改变管理状况的建议，这些建议背后隐藏的思维就是对现有领导管理风格的否定。因为现有领导不懂得关心员工，总强调工作结果而不在过程中给予鼓励，总以为奖金是唯一的手段等等。后来，他终于成为了管理者，“脑袋随着屁股转”，与他谈话听到最多的是“现在的员工怎么这么难管”，工作没有结果还经常有牢骚，对一点点奖金都这么敏感，不盯着就偷懒等等。

不论基于何种人性假设，管理者常犯的错误就是把下属抽象为一个整体，而未考虑到不同员工需求的差异化。人人都有自己的需求。根据马斯洛需求层次理论，人的需求是一个由低到高的上升过程，由生理需要、安全需要、社会需要、尊重需要再到自我实现需要。在同样的企业，有些员工可能正在为物质的需要感到发愁，这时任何奖金激励的效果都会很好，如刚毕业为购房首付发愁的员工可能就是这样。而有些员工可能更关注的是自尊的需要，如四十多岁事业小有成就的人，这时奖金多少无所谓，关键是为什么扣自己两元或没有扣别人的，这关系到“面子”问题。对于同一个人，不同层次的需求也可能在不同时段或不同环境中表现不同。譬如，在某些时段，安全需要最关键，而在某些时段或环境中，自我实现的需求最突出。

充分认识到人人都有自己的需求，又能准确认识到每个人的需求，那真是需要长期修炼的事情。从激励角度来说，正是因为人们需求差异化，才需要激励手段丰富化。也正是因为我们没能认识到人人都有自己的需求，不能找到不同类型员工需求的相似点与不同点，才使我们假定激励方面可以“一招鲜，吃遍天”，最终造成激励手段过于单一，激励效果低下。

员工的人性会因管理者而变

——顺应人性调整激励手段

阅读思考

1. 什么是保健因素？

2. 如何对90后员工进行激励？

我们常常有“零和博弈”的思维惯性，比如，认为加工资能够带来满意，那就能够消除其不满意；工作环境改善了，如换了一个更好的写字楼，人们的不满意就会消除。其实在20世纪50年代，著名管理学家赫茨伯格就对此进行了否定。

众所周知，他认为“满意”所对应的不是“不满意”，而是“没有满意”；“不满意”所对应的不是“满意”，而是“没有不满意”。能够带来“满意”的因素称为激励因素，如成就、赞赏、工作本身、责任、进步等；能够带来“没有不满意”的因素称为保健因素，如公司政策与管理方式、上级监督、工资、人际关系和工作条件等环境方面的因素。

我们有时候奇怪，为什么一些员工会跳槽到工资比现在还低的公司去工作？为什么公司不断地创造良好的工作环境、娱乐活动，员工还是缺乏创业初期的激情？为什么过去让员工做某件事只要讲清楚就行，而现在却要在“绩效目标”“加班费”“工作量核定”等上面扯那么多呢？管理越变越复杂，而我们的管理人员与员工之间的距离越来越远。

有些因素就是保健因素，你少了会引起员工极度的不满意，而多了也不会增加满意感，只是减少不满意感而已。工作环境和管理环境带给员工的心理不舒适感，加重到一定程度时，员工会选择离开。但是你把这些环境搞得再好，员工积极性也不会提高，满意感也不会增加。缺乏能够促进人们成功的措施，激励自然会失效。

我一个当部门经理的朋友讲过这样的案例。她手下有个 80 后员工，很有个性。前段时间给他安排了一个工作，小伙子晚上加班到凌晨总算按时做完了。因为太忙了，我这朋友就没有随时检查纠偏，结果小伙子交来的工作成果离要求差很多。我这位朋友一急之下就批评了小伙子两句，说话带了点情绪。没想到，小伙子马上就辞职不干了。在与人力资源部进行的离职谈话中，小伙子只说了一句话：“部门经理实在不会当经理。”

我对朋友说，上级对下属的辅导工作其实是很难的，本质上属于保健因素，如果上司没有辅导或没有辅导好，会导致下属直接的不满意，甚至跳槽；辅导好了，也不会增加他的满意感，只能降低他的不满意感程度而已。对于这种人性特点，就要学会激励。

事实上，在组织当中，管理者的任何行为都隐含着激励问题。在组织活动中，组织角色是主要角色。管理者就是管理者，员工就是员工。在每一分钟，管理者的行为都在被员工观察与感知。这时，往往管理者一个小小的行为都可能引起员工心理上的变化，起到正激励或负激励的作用。一个经理路过员工的座位，如果对某个员工连目光也不转一下，而对另一个员工点头微笑，结果会怎样呢？次数长了，第一个员工心理必然会起变化。如果再遇到心理脆弱的，则会在背后思考自己被“冷落”的原因。

单从管理者角度分析，我那个朋友主要存在的问题就是“情绪”。在组织当中，任何管理行为都是为了达到管理目的的，否则就不属于管理行为或失效的管理行为。在组织当中，别人眼中的你总是带有组织特色的，尽管你可以认为你仅代表个人。

管理学中有个归因理论，讲人的内倾性和外倾性，用最简单的语言来表达，就是“人们总是把成功归因于自己，把错误归因于别人”。如果管理者不考虑这种特点，那么组织中会自然存在内耗。有这样的例子。一个员工经过努力获得了非常难考的一个资质证书，这个资质证书对公司申报项目时有一定作用。主管无意说了句：“会考证书，不一定会工作，现在高分低能的现象太多了。”从客观上来说，主管这句话绝对没错，但错在说的环境不对。结果，这位员工非常生气，差点闹辞职。对员工来说，考到了这个非常难考的证书，如果得到主管的赞扬，自然会感到满意、自豪。但是，主管的嘲讽让他沮丧。同样，一个员工做某事失败时，如果他认为是因自己能力不足导致的，会有一种无助感、孤独感。这时，如果主管再嘲讽谩骂，那这种孤独无助感将会加强，甚至产生报复心理。遗憾的是，常常有这样“实话实说”的主管，还自以为是耿直。

人性是复杂的，如果一定要找到其共性，那就是微妙。员工的人性因管理者而变，实际是说因管理者的激励方式而变。当我们一味强调激励失效的时候，是不是该反思一下自己，我们是否学会了激励？学会激励，让每一个管理行为都能随着环境而调整，从而达到激励效果最大化，是管理者应该掌握的。

中小企业还是慎用 PK 的好

——PK 过度使人才难以发挥

阅读思考

1. PK 好还是不好？

2. PK 制度在不同企业中应如何选用？

选秀节目火了，PK 形式也火了。自从 PK 在超女选秀中以令人耳目一新的方式出现后，各个娱乐节目跟 PK 沾上边或沾不上边，都会动不动让参与者 PK 一番。

没有仔细查过 PK 的由来，大约来自电脑游戏，后来慢慢演化成对决的意思。这种 PK 充分体现了“适者生存”的优胜劣汰精神。

这种 PK 形式应用在企业中，与曾经一度被推崇的“末位淘汰”大致相当。企业对所有员工进行一个考核，按成绩高低绘制成一个钟形曲线，最后百分之多少一定要淘汰。这种方法，据说在大型跨国企业 GE 和哈佛大学 MBA 成绩评定时被普遍应用。

著名企业和大学这样玩，自然有其玩的道理，这里暂且不评论。不过就当今我国大多数企业尤其是中小企业来说，用 PK 时还是谨慎点好。

主要原因有三个。

一是把谁拿出来 PK 的问题不好定。全员 PK 最好，那样竞争机制真在企业中展开了，优胜劣汰之后留下来的都是精英。问题是做不到。全员 PK 的一个前提是，你有足够多人才让你 PK。人们争着要来你的企业，你 PK 掉差的，会来个更好的。GE 公司之所以敢这样做，一个重要的前提是它是行业乃至全球最好的。它对人才的吸引力很大，走了老的，会来新的。而我国大多数企业，走了老的，未必会来新的。你把人都 PK 走了，谁来干活呢？咱不是伟大的公司，别假定自己需要的人都会唤之即来，呼之即去。

另一种方式是局部 PK，拿出一部分岗位和人员来 PK。这就牵扯到拿什么岗位、让什么人来 PK。PK 自然选同量级的选手，让员工与总经理 PK，没有道理。真要 PK，只能是高层与高层，中层与中层，基层与基层。事实上，让谁上局部 PK 台，必然是老板说了算。这样的情况下，要不被 PK 掉，就最好不上 PK 台。怎样才能不上 PK 台？那就是离权力中心近些。中小企业谁是权力中心？当然是老板了，于是自然就要围着老板转了。现在的大多数企业管理秩序本来就乱，整个公司若围绕老板一个人转了，会更乱。在一般人眼里，除了老板，什么总经理、副总经理、部门经理，统统都是打工的纸老虎。局部 PK，将加重员工这种打工心态。

二是怎样 PK 的问题不好定。企业的 PK，一般用的都是绩效考核，但是绩效考核却是最难的管理工作。许多企业并不会绩效考核，玩的是与国企选劳动模范一样的评议方法，结果是一场游戏而已。不会考核时，往往考核就只是老板意志的表现手段，或者某些人权力斗争的工具而已。于是，你会发现一些中小企业好像也有了大企业病，相互推诿、怕负责任的现象同样很多。为什么呢？反正考核方法不科学，做错了肯定被考核掉，做好了不一定考核得好，说不定还会被那些更会表现的人将功劳夺走。

三是适合不适合 PK 的问题不好说。适合不合适，话说起来就长了。我觉得这里面要考虑三个因素。一是企业文化问题。你的企业文化中是否有这种竞争因素？玩这种游戏是否会造成企业文化的不和谐？不和谐的话会直接导致员工流失率过高，你还没 PK 呢，员工先把你 PK 了。二是你的企业在人才市场竞争力因素。上面所举 GE 的例子时已经间接说明这一点。也就是说，你要在企业中实行 PK，你的企业得先在与其他企业 PK 时胜出。三是你的企业管理水平因素。你是否能让参与 PK 的人在参与过程中保持一种平和心态，充分发挥团队精神，进而以公司利益为重？

据我观察，中小企业之所以人才作用得不到发挥，不是因为 PK 精神不足，反而是过了点。今天这个员工业绩好了，或者因为一件事做得好，老板会大肆表扬，明天可能就升职了。那个员工一件事做错了，这个说那个批，后天可能就降职了。这种做法好像是优胜劣汰，实际上缺少长期规划。于是，你会发现许多中小企业员工离职率非常高。这与 PK 味太足有很大关系。

我提出 PK 要谨慎，并不是说中小企业不要搞活用人机制，而是要逐步建设一个适合自己的用人机制。根据我与中小企业（甚至一些大型企业）打交道的经验，选择一些简单但尽可能体现重点的考核体系，引导员工以公司利益为重，形成一个“小步快跑”的薪酬体系，相对稳定的职位升迁制度，留住员工、培训员工、发展员工非常重要。其中，简单但尽可能体现重点的考核，目的是让员工感受到有一个以公司业绩为重的导向；小步快跑的薪酬体系，就是避免那种要么不涨工资，要么五百、一千增加的随意性，让组织行为足点，老板行为少点；相对稳定的职位升迁体系，可避免那种将升官降官视为儿戏的做法，适当拉大员工对职位关注的预期。一句话，我认为这样总比那种“员工干活不行就 PK 掉”要好些。

企业里可怕的书呆子思维

——万勿囿于传统、以偏概全、过于僵化

阅读思考

1. 企业中的书呆子思维有哪些？
2. 如何避免书呆子思维？

一位朋友 A 要考著名经济学家的研究生，与另一位朋友 B 在一起商量。B 劝 A 不要考。B 列出了要考取该研究生的条件：一是你必须足够聪明，二是你必须足够努力，三是你必须要有一定机会。这种机会主要是你认识并得到经济学家赏识的可能，而要得到赏识你又必须有被赏识的理由，一是你毕业于令人羡慕的学校，二是你有足够的学术经验证明。这样，在 B 看来，A 根本没有希望，“你根本没有毕业于牛校，又没有超乎常人的努力，你根本不认识那位经济学家，你又没有发表过论文，你凭什么可以考上他的研究生？”整个逻辑显得特别严谨。结果 A 考上了，B 解释说那是你蒙的，何必骄傲？结果两个多年的朋友从此有了矛盾。

B 的说法，用经济学思维来思考，就是在一定的前提假设下，经过推理获取结论；用管理学的思维来思考，就是找到 CSF（关键成功因素），找标杆

对差距。似乎一切天经地义，逻辑也非常严密，可为什么结果却不对呢？

当我们的前提假设本身有问题时，结果当然可能会错误了。当我们的思维方式有问题时，问题就更加严重了。当我们根本没有形成自己思考问题的方式，更没有一定的信息输入时，那结果则更为可怕。运用比较研究的方法，可以得到一些成功的关键因素，但可能因为认识的有限性，我们获得的这些关键成功因素本身就忽视了其他因素，或者我们本身所构造的模型就有问题。这时，得出的结论自然不可靠。

在企业中，也常常有这样可怕的书呆子思维。

（1）囿于传统

职业经理人运用既有的信息进行分析研究，得出一个行业不可进入，其有假设前提，有分析模型，每条信息也足够量化，运算逻辑也非常清晰，结论也是水到渠成。但是企业家却凭直觉判断可为。当尝试失败时，职业经理人会讲到，理论早已证明，你偏不听。当尝试成功时，另外一拨职业经理人会用另外的方式证明当初那帮职业经理人模型假设的错误，甚至会指出模型的错误在于它是基于传统信息基础的，而传统信息肯定会有偏差，或者假设没有问题，但推理过程存在明显瑕疵等等。当然并不是所有的企业家和所有的职业经理人都这样，但是企业家和职业经理人的区别可能就在于前者有敏锐的直觉，而后者这方面要欠缺些。

（2）以偏概全

这主要是企业中、基层易犯的错误。人们总是习惯于将对自己有利于的假设因素强化，而对自己不利的假设因素弱化或视而不见，即选择性忽视。营销人员在谈到营销业绩的问题时，常常会说自己公司相对于竞争对手的弱势，如对方价格比自己低，对方广告投入大，对方产品推出快等等。这些原因可能同时出现，也可能部分出现；如果部分出现了，他们就会强调其中对自己有利的因素。譬如，若我们的价格比对手低，那么就讲影响营销业绩的因素是对方广告投入太大了；若广告投入也有优势，可能会讲自己公司的价格高或推出新品慢；若三个因素都占优势，可能就会讲，那是我们的产品不符合市场需求等等。在这样的思维中，总是未能将影响营销业绩的全部因素列出，更没有一个完善的模型。

（3）过于僵化

这主要表现在一些行政管理人员身上。要推行一项管理变革，这些人员很快根据教科书上学来的理论进行模型的构建，并很快形成一系列标准的制度和方法。但是常常忽视这些制度和方法的假设前提，盲目照搬，结果是适得其反。之后，对失败的原因常常会归结为别的因素。如这些方法本身有问题，绩效考核不适合中国国情，平衡计分卡需要结合中国实际改造等等。再如，是因为执行部门的人员的自觉性不够，或执行力不高，或整个组织历史惯性太大等等。结论往往看似科学，却忽视自己本身的原因。

这三种思维方式都是可怕的书呆子思维。第一种囿于传统，本身思考问题宽度可能还可以，也有自己一套思考问题的方法，但是往往创新性不够。第二种以偏概全，主要是本身思维的宽度不够，思考问题的方法也不科学。第三种过于僵化，常常不仅缺乏整体思维，且未形成自己的思考方法，对知识也是一知半解。以上所说这些，还是基于诚信的前提说的，如果遇到一些胡搅蛮缠的人，那就是秀才遇到兵，不是上面所说的书呆子思维了。

如果细节决定成败，什么决定细节

——机制决定细节

阅读思考

1. 你是否认同“细节决定成败”？

2. 应如何保证不在细节上出纰漏？

有一条新闻，说某法院的法官上法庭后，竟发现忘记带法槌；控辩双方正在激烈辩论，突然审判长腰间的手机响起了《吉祥三宝》的铃声。这则新闻让人不由得感叹有些法官的素质真不敢恭维，也不由得会想起一句流行话，“细节决定成败”。上法庭怎么能忘记带法槌，手机怎么能忘掉关机或调成振动呢？真是细节害死人啊。

去年我接触过一个中小型民企的老板，她非常生气地讲：“强调过多少次，要关注细节，可就是不听，失去了许多市场机会。”

在她的企业里曾经发生过一个真实的笑话。一个十拿九稳的标，标书做好了，最后让一个部门经理第二天按照客户要求的地点送去。为了保证按时送达，公司告知部门经理早上直接到客户那去，不用来公司了。但是，北京真是太大了，那个部门经理开车出错了出口，绕了几圈，越绕越找不到路。

那年头还没有导航，结果是，标书没有按照时间要求送达客户处，错过了投标。令人感到不解的是，部门经理在走错路的情况下，没有给公司任何人打电话求助或告知，干脆直接开车返回了公司。他的理由是，“他们让我送标书，却不给我讲怎么走，况且我本身就是一个方向感不强的人”。

与那则可笑的新闻一样，许多人对这个案例的第一感觉是“管理太乱了”“员工太没有责任心了”“素质太低了”。还是细节决定成败。提前查一下路线，不就认路了？找一下警察叔叔也行啊！实在不行，花上几毛钱找个电话问一下同事，都可以啊！无论如何，不应一声不吭地返回公司。

作为企业管理咨询人员，我不由得想起一个命题，如果细节决定成败，那什么决定细节？如果不找到决定细节的因素，在口号上吆喝得再厉害，累死了也未必会有效果。现在很多人寄希望于员工能够真正关注细节，为此不遗余力地给员工购买一些《老板不在》《把信送给加西亚》之类的书。可是这些书，除了老板单方面满意之外，真正有几个员工读了？又有几个读完之后起到了作用？好像没有人认真去想。

机制决定细节。不能构建一个有效的管理机制，一切无从谈起。其中一个机制，就是要能够自动纠错。试想，如果法官要为自己忘记带必备的道具付出代价，如果那个部门经理要为标书没有送到付出惨重的代价，并且都非常清楚后果的严重性，他们会怎样做？人们在细节上犯小错误，是因为犯错的成本足够低，低到他觉得无所谓。

同时，管理者也应明确自己应该负什么样的责任。如果你的部下上法庭没有带道具，就是你管理失职，你该承担什么样的管理责任？分管投标的副总，安排一个方向感不强的人去完成一件非常重要的任务，该承担怎样的用人不当责任？只有管理者清晰地意识到自己的责任，并且明白未履行责任的代价，管理才有可能活起来。所以，管理工作应形成相互牵制的机制。

我在现实中真正地测试过管理者的责任。还是那家投标没找到地方的公司。他们公司成立十年来，中层开会从来没有按时全到的情形，老板急得罚过这个三百那个二百，罚的人很多了，效果还是那样。我说要从机制上考虑问题，老板半信半疑地问我如何建机制。我就做了一个小小的规定："每个管理者要严格要求下属。如果以后开会出现了违反规定的情形，鞭子往上打。部门经理迟到，罚分管副总；分管副总迟到，罚老总；老总迟到，罚老板。罚多少，不多，十元、二十元、三十元，给大家买水果吃。"就这一条，再配点相关措施，大家惊奇地发现，开会真的没有人再迟到了。开始还不适应，坚持一段时间后，发现开会按时到已经成了习惯。。

我不愿意承认"细节决定成败"，也不愿意就此与一些人辩论。我更愿意人们能够重视起管理者的责任。否则，出了事之后，必然是从上到下喊一遍"细节决定成败"，来一次整风运动，之后还会一切照旧。

组织存在沟通问题的原因

——三种常见的沟通障碍

阅读思考

1. 企业会议沟通时常见的弊端有哪些？
2. 如何解决企业内的横向沟通问题？

文化不同导致沟通的内生障碍

许多时候，人们可能并不清楚文化到底如何定义，但是却可以清楚地感知彼此之间文化的不同。

相较“远景、目标、价值观”之类，我更喜欢用简单的“世界观”这个词语来说明文化的不同。什么是世界观？“人们对世界的看法”。出发点不同，看的方法不同，自然看的结果就不同。

有些人的出发点是个人利益最大化，而有些人的出发点则是组织利益最大化，两种人在一起沟通时就会有很大问题。《铁齿铜牙纪晓岚》中有这样一个情节：和珅的儿子偏偏看上了纪晓岚的养女，而且单相思得死去活来。为了儿子，和珅不得不去求纪晓岚。和珅对纪讲，你我都是皇上的左膀右臂，如果咱们两个联姻，那不是权倾朝野，享不了的荣华富贵吗？纪晓岚的意思是，要什么荣华富贵，能为黎民谋福利，两袖清风自由自在多好啊！确切地说，这次谈话推心置腹，但却充满矛盾冲突。和珅根本理解不了纪，纪也根本理解不了何，最终不欢而散。究其原因，就是两个人的世界观不同。

世界观不同，同样的事情在不同人眼中的结果就不同。譬如，马上要投标了，晚上不得不加班。一个人可能想，明明下班了，还让我免费加班，这家企业就是不规范。另一个人可能想，必须在今晚把该准备的都准备好，争取明天投标成功。结果，两个人在一起干活，第一个人有一下没一下的，偶尔还发点牢骚。另一个人呢，还是乐观、努力地在做事。结果不用说，两个人做出的效果自然不一样。

由于世界观不同，不同职业与部门表现出来的文化也不同。一般说来，市场部门的员工要粗放些，而财务部门的员工要精细些，质检部门的员工则爱挑剔些……文化的不同导致个人与个人之间、部门与部门之间的沟通可能会有冲突。冲突是自然的，这就需要进行文化管理，使不同人之间、不同部门之间的文化既保持多样性又具有统一性。

命令传导机制欠缺导致的信息扭曲

组织沟通中最为常见的正式沟通就是上级与下级之间的沟通。

沟通的内容不外乎四个方面：工作任务的布置、工作过程的辅导、工作结果的检查和工作情况的反思。沟通的方式有多种多样，最常见的是正式会议、书面文件、正式谈话等几种类型。

会议是企业里最为常见的沟通方式，可是很多企业不会开会。在中国，不会开会主要有以下几种表现方式。

一是会议成为了“中国式恋爱”。本来讨论工作的事宜，开着开着就开成了含蓄或非含蓄表达情感的会议。一个人发言表明了自己的观点，其他人以不同的方式表达自己“同意”“支持”的情感。所用的语言不够量化，甚至会议记录员也无法记录。开完会之后是否能够落实？根本不知道。一般来说，企业规模越大，会议的形式成分越多，实质内容越少。

二是会议成为了“中国式结婚”。我曾经参加过一个大型集团的战略讨论会，与会代表均为企业高层。会议开了两三天，到最终要形成结果时，会议责成分管战略部的某副总来写。这位副总又责成未参加会议的战略发展部经理来写，而战略发展部经理又将任务分配给了一位战略专员，五分钟的精神用了三分钟来传达。结果，这位战略专员写的东西竟然在会议上一致通过。

就像中国式结婚往往不是由结婚双方决定一样，企业里很多会议的决议案往往不是由与会讨论者来形成。如果笔杆子就能完成那些工作，还要开会做什么呢?

三是会议成为了“中国式离婚”。中国式离婚常常会莫名其妙地吵架。譬如，明明是讨论某几个岗位加班费的问题，但可能扯着扯着就到了“和谐不和谐”的问题上了。这时，谁要是不小心用错了一个词，就可能导致整个会议主题的转化。有时，会议开了好几天，却不知道主题是什么。可能每个局部都是符合逻辑的，但是整体上却跑了题。

会议沟通尚且如此，其他的沟通方式效率更是不尽如人意了。文件传达时，政治语言多于管理语言，读与不读一个样；上下级之间的正式沟通，可能只出现在初次接触时，一旦熟悉了，要么就是除了批评训话从不沟通，要么就是根本分不清是朋友谈话还是工作探讨。

在主要沟通方式出现问题时，上下级之间的信息传递必然发生扭曲。布置工作任务时，内容不明确，传播方式又不规范，本身就为工作任务完不成留下了空间；辅导工作过程时，领导讲些传达情感的话，下属再来点真真假假的反应，辅导往往也就成了形式；汇报工作时，可以用量化的语言也可以用非量化的语言，可以强调结果也可以强调过程，强调自身利益规避风险的汇报方式又使最终考核与反馈形同虚设，或者与工作本身关联度不大而与人事关系关联度足够大。

有足够多的培训课程在讲如何进行沟通，但是企业还是未能形成有序化的组织沟通。如何使组织沟通真正能形成正式信息的上下有效率的传导，真的是该思考的问题了。

横向责任不清导致的正式沟通受阻

除了上下级之间的纵向沟通，同级之间的横向沟通也有自己的特色。部门与部门之间、岗位与岗位之间、分管领导与分管领导之间的沟通，主要存在的问题是“脑袋随着屁股转”，本位思想严重，主动沟通较少。

本位思想是非常正常的现象，自古以来就存在。然而，本位思想过于严重，却会带来非常不利的后果，不能产生协同效应。我们在企业中经常看到，营销部门强调市场的需求，对生产部门反应过慢表示不满；研发部门强调技术含量，对营销部门随口承诺客户表示不满；生产部门强调成本，对营销部门的价格变化表示不满意等等。同一部门里，也经常出现关于责任归属的争吵。各个部门及岗位只关心自己的利益，而忽视了整个组织利益的最大化。

在责任划分不清晰的情况下，就会出现相互推诿及扯皮的现象。在履行责任的时候，自己能不做的就不做，能推给别人的就推给别人。一旦出了问题，又会相互扯皮。

一种理想的状况是，责任划分非常清楚，并且各个组成之间又能够主动沟通，创造性地解决问题。然而，这种理想状况却难以达到。

为了解决横向沟通问题，企业文化建设时，更多的是希望建立起学习型组织，打破层级、部门、岗位之间的界限。这方面的探索非常好，也有很多企业取得了良好的效果，但是大部分企业却发现问题仍然存在。原因就在于，很多企业特别是一些中小企业并非组织僵化，反而是过于灵活或者根本没有形成组织。这些企业基本上还处于人治阶段，组织机构体系形同虚设，责任体系尚未建立，考核分配体系也是由个别人说了算。这样的情况下，若未把握学习型组织的精华，则哪怕建立了“学习型组织”，也无法解决横向沟通的问题。

人力资源管理对此的探索思路非常明确，就是界定各个环节的责任，进行岗位分析，制作岗位说明书，并以此作为考核和薪酬的依据。这样的说法非常受企业欢迎，“责任写到纸上”貌似一切就清楚了，可是同样存在问题。大部分人力资源管理者及咨询顾问所做的岗位说明书，我以为可以叫“见光死”。这些岗位说明书在岗位职责一栏中，更多强调的是责任而非具体的工作细节，通常是几行字，读完之后就很少有人读第二遍了。但如果进行具体工作细节的描述，则做出的岗位说明书又会显得主次不分，过于烦琐。

横向沟通的问题远比纵向沟通要困难得多，解决的方法从理论上来说是多管齐下，从岗位及流程、企业文化等多个方面进行，但是理论上所谓的“多管”，若不能付诸实践，必然也只是说说而已。

全方位解决沟通问题存在难度，也没有什么灵丹妙药能包治百病。我认为，在企业建立起围绕战略措施所形成的目标分解及项目化工作计划体系，以实际可操作的沟通工具，使沟通聚焦到战略责任上，有助于解决该问题。其中，实际可操作的沟通工具，就是要将沟通过程规则化、沟通语言标准化、沟通行为规范化，最终达到沟通有序化。这样，借助这一有序化的沟通体系，人力资源管理手段及企业文化等其他理论才有可能发挥作用。

企业里学会说话其实不容易

——会说话是处好人际关系的前提

阅读思考

1. 如何不让私人恩怨影响工作？
2. 怎样通过沟通维系好人际关系？

个人去找 A 部门的经理。

A 部门的办公室是一个开放式的大房间，在房间靠里面隔出一块就是部门经理办公室。这个人推门进去之后，发现部门经理办公室没人，就随口问靠门口坐的一个人："你们经理去哪儿了？"

被问的人当时正埋头做事，乍一听到声音吓了一跳，下意识地回答："经理不在里面吗？"这两个人虽在同一个公司，但从来没有打过交道。

对于这样的回答，第一个人显然不满意，便说了句："在里面，我还问你干什么？"话气令人感到很冰冷。

第二个人这时候似乎从工作状态回到了现实，非常奇怪怎么会有这样莫名的责问，便很有口才地回了一句："他去哪里，用得着给我交待吗？"潜台词是："我有回答你问题的义务吗？"

第一个人默默地摇了摇头，转身走了，并留下一个怜悯的眼神。

就这样两个人开始了莫名的对峙。本来见面机会就不多，后来更是到了相看两厌的地步。

还有一个故事。

在一个万人大型企业里，有两个中层处长长期不对付。我曾经开玩笑说，有些中层人员之间，十年来除了开会时外，主动在一起探讨公司事情的时间加起来不超过十个小时。当时，便有人说："任博士，你太乐观了，有些人除开会外，在一起待的时间都不会超过一分钟。"说的就是这俩人。

这两个中层很有意思。在一起开会的时候，只要一个人提出观点，另外一个人肯定会首先否定掉，然后谈自己的看法。虽然自己的看法也可能只是换个角度表达，甚至是重复第一个人的观点，但是也要先否定对方。管理就是这样有意思，它的艺术性足以让任何有发言权利的人艺术地扮演自己的角色。

我当然没有义务去寻找两个人之间的关联症结，但是在那个企业的几个月里，我还是不停地观察这两个人，并试图推测其中的微妙。观察组织里每个人是我的兴趣，也是做咨询工作的额外收获。当然，对于我来说，最不愿意看到的则是我拿出的咨询方案，不小心成了两个人进行褒贬的标的物。为了防止这种情况的发生，我每个方案正式讨论之前，都会私下征求两个人的书面意见。当博弈双方信息不充分的时候，意外的是两个人的意见却常常高度统一。

大约过了两年以后，与一位两人均熟悉的管理人员聊天，说到这两个人故事，才知道了大约的脉络。好像在某年某月评先进的时候，两个人只有一个评上了，没评上的那个心理很不平衡。在庆功宴上，评上的一位说了一句什么话，引起没评上的那位强烈不满，当时两人就闹翻了。此后，一直在较劲。

我曾经感叹，现在人与人之间的关系非常脆弱，似乎一点风，一点雨，就可以把仅存的联系打破。打破也不一定是表面轰轰烈烈的，也可能是那种慢慢风吹雨蚀的减弱。譬如，因为一个尴尬的场面、一句令人不安的话，其个人可能就从你的心里消失。

在一个企业里，情况更可能会是这样。一次小小的愉快交流，会促进双方业务合作关系进一步密切，而某次小小的不快，可能会影响到双方的合作，出现观点上的第一次分歧，进而发展到第二次、第三次，慢慢形成了两个人的对峙。对于这种对峙，有人把它称为企业里的政治斗争或公司政治，而有人则将之称为企业文化，还有人会把这一切归因到传统文化中。

听也是一门艺术

——根据听众反应调整说话

阅读思考

1. 沟通中，听和说的关系是怎样的？
2. 如何与对方进行有效沟通？

“能说的不一定会沟通，能说的不一定会说”，这是一次聊天时，D 公司的梁总说的话。当时梁总还举了一个例子。他带着某位副总与客户谈合同，可能是因为特别想得到那个合同，那位副总不停地说，却并没有真正弄懂客户的真实意思。事实上，鉴于 D 公司一位总工在当地的声望，以及 D 公司的业绩，对方已在心底有了一个参考价格。面对毫不知情、滔滔不绝的副总，梁总不得不当机立断，打断了他的话。

每次沟通都是有目的的，且建立在双方基础上。遗憾的是，人们常常以为能说就是会沟通，结果能说的不停地说，不能说的则不停想着下一句该说什么。这样，不知不觉中沟通就变成了只有沟，没有通。

组织当中的口头沟通大致有两个目的：一是达成协议，二是传递情感。达成协议，可能是传递一个命令、决策或通报之类，也可能是为了寻求共识的解决方案。这一类型，我们常常可以理解。但是，传递情感却常常被人们忽视。人们总会忘记情感在其中所起的作用，同样一句话，因为说的人情感不同会有不同的效果，也可能因为听的人感受不同而有不同的效果。出于不同的情感，或者对听者不同情感的预知，说的人会选择不同的语言表达方式。太多的时候，太多的人转了一大圈不外就是想说一句话。如果不注意听，这一句关键的话就会被忽略。

要达到口头沟通的目的，就需要听了。一是听对方企图达成的最终协议的本质内容，往往也就是一两句关键性的话。二是听对方情感的变化，并做出相应的回应。譬如，对方可能考虑到两个人的关系，对有些意思婉转表达，你就需要听出言外之意并做出反应。

一些不会听的人，常常会在细节上转来转去，让沟通不觉偏了方向。有时下属汇报工作时，常常会投领导所好，让领导听偏。譬如，某下属 A 找领导 B 谈昨晚加班的工作，他怕领导批评他没完成任务，就开始东拉西扯，讲“昨晚我在家里写方案时，写到一半，邻居家发生了争吵，因为男方有了第三者……”B 好听这些故事，A 就投其所好，于是领导的注意力慢慢转移了。当 A 绕了一大圈后，想表达的真实意思无非是给自己未完成工作找个借口，B 可能真没听明白或者听明白了假装糊涂，或者干脆对八卦的兴趣来了把正事忘了。于是 A 就算汇报完工作了。这是一个典型的不会听的领导。

越是做到高层，越是会听的人。那位不会听的副总，我估计要往上爬有点难了。我们给领导汇报工作时，领导若不表态，那是因为他在听，你可能没有讲清楚或者领导没有领悟你的本意，或者领导心思在别的地方没有听到你说的。D 公司老总经常对不停汇报的下属说这样一句话：“你给我讲这些，要我做什么？”领导等着你明确的请示呢。这又要求你会说了。但是，会听才会说，不会听根本不可能会说，是不是这样子？

管理培训怎么就做成了传销

——培训不能只考虑学员满意度

阅读思考

1. 培训的真正目的是什么？
2. 应如何看待培训学员满意度这一指标？

朋友近期去参加了一个领导力的培训。

进门之后他发现，课堂现场是经过精心策划的，音乐、灯光、背景以及面带微笑的职业化服务员都现代而精致，朋友瞬间感受到了久违的“成功氛围”。开始上课时，讲师如同明星一样，在主持人极力渲染的气氛下，在音乐声、掌声、欢叫声的簇拥下，以成功人士的形象走上了讲台。接着是游戏，上届学员讲授成功经验，以及带有煽情性质的案例点评。课堂现场有点粉丝见明星的感觉。时间过得真快，所有人都感受到了前所未有的畅快与感动。“但是有点像传销培训。”听完之后朋友说。

管理培训作为一项管理活动，自然是为了达成组织的管理目标而服务的。从理论上来说，培训总要有一定的目标性，是因为培训参加者的素质与组织要求之间出现差异才开展的。“缺什么、补什么”是其中一个原则。这个

“缺”，可以是组织现在的“缺”，也可以是未来的“缺”。这个道理几乎所有企业都了解，尤其是“员工素质模型”和“培训需求调查”之类新工具或新名词出现之后，许多管理者更是不遗余力地寻找着组织素质能力的短板。在内训不能满足要求时，企业开始寻找“外来的和尚”。在这样的背景下，管理培训师的队伍越来越大，不断为企业提供着“补”的服务。

但是问题恰好在这里：到底该怎么“补”？培训学员该是一项轻松、快乐、保健式的过程，还是一项类似军训一样严肃甚至痛苦的过程？不同的观点决定了的不同理念。很多培训机构选择了前者，认为这就是成人教育的特点，发展到极致就是现在“传销式”的管理培训了。

符合成人教育特点的轻松、快乐的培训体验，本身没有错，可怕的是在盲目追求“轻松”中，培训性质发生了变化。培训开始泛娱乐化、泛评书化、泛相声化，现在又开始传销化。娱乐化让严肃的培训课程变得轻松，评书化让枯燥的知识在兴趣中得到传述，相声化让学员在会心的笑容中领悟管理内涵，这些技巧无可厚非，但多了一个“泛”字，就让人疑虑了。泛娱乐化、泛评书化、泛相声化明显是舍本逐末，忘记了管理培训的根本目的是为组织“补缺“而非逗学员乐。现在又开始把传销的技巧引入，更让人感到可悲。

在这样“泛”化培训及传销式培训过程中，讲师尽其所能，用演艺界明星的手段逗得学员们高高兴兴，让学员们经历了一场艺术般的情感满足。在掌声和笑声中，讲师获得了最大程度的被尊重的满足；学员则在讲师有如催眠师一样的魔术棒指引下，重温着童年的游戏，多年被现实磨砺的身心得到了最大程度的放松。其结果是，讲师所面临的“学员意见反馈调查”的压力被巧妙回避，培训机构商业盈利需求得到满足，一系列调查数据又足以让企业培训负责人向组织交差。在这样的三方共赢的格局下，到底谁付出了真正的成本？当然是组织。执行力培训进行了若干场未见执行力的提高，领导力培训花了大把银子未见领导力的改观，现在还要继续投入到层出不穷的多种新概念、新技能的培训，谁仔细算过公司投入产生的账？

军事演习一般的管理培训，我们只能从有关商学院的报道中窥见一斑。许多企业对之愿意接受，培训机构也愿以此类“实战型”特点作为宣传的卖点，可常常也只是叶公好龙而已，真正操作时还是本能地选择“泛”化。原因很简单，真正实战式的培训组织起来难度太大，对学员学习期间的要求也高，结果要求也清晰，给老板交差难度也高。一句话，很可能会出力不讨好。在选择轻松方式足以让培训机构、培训讲师、企业培训负责人甚至老板满意时，谁愿意冒风险去做这些吃力不一定讨好的工作呢？

所谓军事演习一般的培训，实际上并不一定会非常残酷，而是真正基于管理活动的要求。作为一项管理活动，培训仍然需要经过战略可视化（明晰行为的目标）、计划项目化、沟通有序化（学员演示汇报）、考核数字化（用尽可能量化方式考核）、激励组合化（衡量各方的投入产生并进行激励）等过程，不可能仅仅是一场“文艺”演出或走形式般的计划与汇报。但是，这样的理念对任何一方似乎都严格了些。年前一家香港上市公司与我谈全集团的管理者培训。当听说我要安排学员完成专项作业时，非常赞同；当听说，专项作业的题目要与学员所在单位的领导共同确定，并且作业要经单位领导审核的时候，直摇头。当听说我要进行案例练习时，非常赞同；当听说，我要对学员案例评分并进行排序及末位曝光时，直摇头。直摇头的理由，主要是学员都很忙没有时间，学员都是各自单位的骨干对培训中心本来就很挑剔，学员都是成年人了习惯公开场合去“听”而不是“说”，学员平时都很忙培训时正好休息一下之类。末了，该企业最终还是选择了一个“相声”培训大师。可培训完成之后，据领导说，“该会的还是不会，该提高的还是没提高”，又在制定下一年的培训计划了。

正是为了达成一定的管理目标，而达成目标本身不可能自动自发地完成，才需要投入一定的时间、人力、物力、财力。如果在听“相声”的快乐之中，战略就会制定了，考核指标就会设置了，六西格玛的统计学知识就会运用了，生产系统的成本就会优化了，管理理念一下子就脱胎换骨了，那么相比之下，哈佛之类名校老师水平也太差了，那些学校的 MBA 学生的基础就太差了，要知道他们第一年还要经过炼狱般的磨炼呢。对我们现在的培训来说，事实上大部分学员的基础并不好，稍微带点高等数学的知识就显得有难度，稍微新点的知识就会扯不清。由于经验所囿以及从事的职业远离管理知识等缘故，要想真正达到组织的要求，成人学习还必须遵守学习的规律，那就是带着企业交给的问题来听课，用学到的知识来完成问题的解答，熟悉领域的知识及时更新，不熟悉的知识就要“硬”着头皮学。苦是必须的，这一切过程，绝对不是“相声”或“传销”式的煽情所能完成的。

管理培训要达成目标，就要以真正提供组织满意的价值为努力方向，而不必仅仅局限于学员满意与否。我们在一家上市公司进行平衡计分卡的中层干部培训，采取阶段末位曝光制。我们设法末位淘汰，让学员知道这种培训是学习，也是竞争；是提高，也是市场选择。期间，学员经常加班加点进行案例准备之类学习，其压力程度不亚于“投标竞争”。就这样，还有学员在课堂讨论中不时冒出一些惹得全班同学大笑的“外行语言”。我不知道，如果用娱乐相声式培训会是什么样的效果。如果仅仅追求学员情感愉悦，组织目标又如何能够达成？事实上，当基于组织价值最大化的目标时，苦是苦点，学员的满意度却非常之高，虽然在课堂上有人会为自己的作业分数而气馁。

令人感到欣慰的是，部分企业开始真正关注管理培训的效果，反思那些相声般甚至传销式的管理培训了。遗憾的是，还是有那么多企业在购买着泛娱乐化、泛评书化、泛相声化的培训产品，甚至对传销式管理培训情有独钟。这里，我所能做的只能是提醒企业，莫把你的管理培训做成传销式培训。

管理培训最好“苦”起来

——能否解决问题是检验培训效果的标准

阅读思考

1. 管理培训的形式有哪些?
2. 如何判断培训是否有效?

自己革自己的命必然是痛苦的。

如果期望通过培训解决管理问题，培训的“苦”当然不能少。

当某公司人力资源总监跟我抱怨“培训投入大但收获小”时，我不由得想起了上面的话。这家公司曾经请过名震江湖、日收费数万的大师讲过课，也请过名不见经传但颇能讲的一般培训师讲过课，但效果都是学员听时感到很愉快、很有共鸣、很值得深思，但第二天一切照旧，并没有多大改善。

期望用培训来解决某个特定的管理问题，只能注定是回回期望、回回失望。

我也讲课，但我更多的是做咨询。在我看来，培训就是一项管理工作。管理工作是要达成管理目标的，否则就无效。由于企业本身对培训的目标很模糊，便给了培训师们更多发挥的空间。培训相声化、娱乐化甚至传销化已经成为了潮流。学员在精心设计的现场中，形成一种集体无意识状态，随着培训师娱乐化的思维而转动，最后完成一场愉快的心理历程。结果仅此而已。

企业人力资源部门常常会强调培训太累，而学员们平时都忙、都辛苦，所以最好寓教于乐。在这样的导向下，如果培训师讲课枯燥，可能根本拿不到培训合同。何况还有学员对讲师培训效果的评估，这个评估影响到培训合同的尾款。于是，培训活动自然会借用娱乐明星的一些招数，如培训现场布置、音乐、包装、相声、小品……不一而足。

培训应该是解决问题的，无论是人力资源部门、学员还是培训师，应该清楚要解决的管理问题是什么。明晰管理目标难，要达成目标更难，达成培训目标又怎么能够轻松呢?

我所说的管理培训应“苦”起来，有三层很“土”的含义。

一是传统的“棒棍之下出秀才”。对职业人士来说，学习本身很难自动自发，因此，培训过程中必须施加压力，最好让学员不断挑战极限。如果都能自动自发地学习了，还要培训做什么?

二是传统的“良药苦口利于病”。许多问题的解决需要直接的方法，也就是针对问题直接去找答案。培训老师所讲的许多道理，事实上学员都懂，关键是遇到具体问题时如何去做。在这种情况下，总转一些伊索寓言、圣经故事有什么用?直接将问题提出，让学员痛苦地思索、痛苦地适应、痛苦地训练，才能在培训中得到答案。

三是传统的“解铃还需系铃人”。任何理论的答案都必须有行动支撑，而企业中的行动往往是相互制约的。就像小孩子制定学习计划，一下子制定了很多，结果落实到每天发现二十四小时不睡觉都完成不了，后来也就不了了之。培训中获得了答案，在日常工作中，还需要结合实际调整，使之可行。

无法衡量就无法管理。在整个培训结束后，必须有可以衡量的行动来评价培训效果。每个学员应拿出结合自己情况的学习成果，可称之为必须“交作业”。这个作业必须是与企业有关的实实在在的作业，而不是一些故事类的闲扯。

我们在企业中做的战略思维训练的培训，就是按“苦”起来的理念搞的。十多个甚至几十个中高层，集中一周时间进行挑战极限训练，可谓非常残酷，但是效果非常好。“棍棒之下出秀才”，指的当然不是不文明的体罚，但比体罚更“残酷”，其中之一就是将绩效管理的方法用到培训中，每个人的成绩一目了然。结果，为了这个培训，许多人晚上加班学习到一两点，学习理论、查阅公司资料、上网进行同行研究……打破了参加工作以后“学习的最长时间”。“良药苦口利于病”，在培训提供的思维框架下，来自不同部门的学员激烈争吵，直面公司管理中的问题，认真分析研究，寻找对策。“解铃不须系铃人”，针对具体问题改善的行动方案做出来了，而且通过课程上学的方法形成了行动责任矩阵，具体落实了责任人、时间点，量化了成果。

解决具体管理问题的管理培训，不可能是轻松的，必须“苦”起来。培训完后，学员们说“苦中有乐”“时间还是太短了”“不相信这么短的时间内做出这么多东西”。当然，管理培训“苦”起来的两个前提是，公司真正想通过培训来解决管理问题，且培训师愿像咨询师一样自我挑战。

培训的效果要通过管理手段来提高

——培训没效果，错在管理者

阅读思考

1. 如何才能保证培训有效？

2. 培训中最重要的环节是什么？

上周五，L部长打电话讲这次培训的效果出奇地好，不但学员全都到齐，而且听课认真，测试结果也非常好。领导满意，学员们也满意，可以说是皆大欢喜。

L部长是一家大型集团的企业发展策划部部长。他们部门负责公司的IT化建设。去年公司花了一百多万与软件公司合作开发了项目管理软件，结果今年推广时却并不顺利。从整个建筑行业来看，他们公司上项目管理软件不算早也不算晚，顺应了趋势而已。经过技术分析，推广不顺利的原因并不是因软件不合适，而是人们对工作习惯的变化不适应。可以说，阻力有些大。

公司在以前推广办公系统时就曾遇到过这种阻力。当时导入办公系统时，几乎是一片反对声。后来，公司组织领导小组，一个部门一个部门去强行推广。现在，大家习惯了办公系统的高效率，反倒离不开了。以往的经验告诉他，对于新东西，有时还需要强推。

其实大家也感到这东西肯定好，但是都认为学习起来麻烦。麻烦是企业里常常可以听到的两个字。对于变革，一旦有了组织共同的抵触，推动起来就会不容易。L部长组织了来自各个项目的学员进行培训，本意是先培养些种子，然后回去在项目上开花结果。可事实上，这些长期在外地项目的种子选手，很自然地将回来培训看成了一次回家探亲。三天的培训课，时来时不来；来的人，也是随着兴致，爱听不听。这样的培训效果可想而知，更别提让他们学完后回去推行，开花结果了。

对于这种情况，L部长非常着急。他在三个方面进行了努力。一是去找领导。领导非常支持他，也在大会小会上多次要求，但是领导也认为做外地项目的人太苦，不必过于计较。二是直接与各个部门和项目经理去谈。谈的结果是，对方要么对下属批评几句，要么就根本不理。L部长为此没少得罪人。第三个方面是对课堂要求严格一点。要求讲师讲课一定要生动，学员听课一定要认真。可这个要求学员也没配合遵守。

其实，这种现象在这个有着五十年历史的大型企业并不鲜见。培训常常有一个美好的愿望，但是结果却不尽如人意。

我那时正好在这个企业做另一个与培训无关的管理咨询项目，与L部长的关系很好，对他的敬业精神非常认同也理解他的难处。我决定和他一起想想办法。

经过共同分析，我们认为在假定软件推广这件事本身没有错的情况下，推广不力的原因主要是没有认识到软件推广本身是一场组织变革。这话虽然有些绕，但道理还是得讲的。如果是变革，那就要符合变革的规律，也就是说要进行一些策划。“诱导”也罢，“诱骗”也罢，得想些“招”让大家观念上先解冻，然后再导入并固化新观念。我说，现在之所以推广不利，主要在于没有根据组织变革的规律来推动。具体或者简单地说，有三个方面做得不到位：一是领导支持不力，而任何组织变革没有领导支持是不可能成功的；二是培训需求把握不足，没有充分找到学员需求的突破口；三是培训组织不足，仅仅把培训当成了讲课，没有考虑到成人学员的特点；四是培训后续推动不足。

对于这些原因，L部长非常认同，他接着问一句："说归说，该怎么办?"我们经过分析，认识到三个问题：一是组织需要达成目标，也就是软件必须推广，这是铁定的，不然交不了差；二是成人学员讲求实操性，同时讲求组织荣誉，也就是好面子，这点可充分利用；三是培训是有目的的，不能仅仅当作讲课，要有层次性地推广，也就是说不能仅仅是一次讲课不行再讲一次，而是要提前策划好，并有考试；四是培训不是一次性的，而是持续的过程，包括集中培训、项目自培训等。

最终，我与L部长认真地形成了一个解决方案。大体意思包括建立领导支持培训机制，"诱骗"领导入套，让领导不由自主地大力支持；把培训课程分解成若干个体系，明确这些"种子"员工受训回去要讲的内容，以及优秀"种子"到其他项目或子公司交流讲课的内容，给"种子"们加压；再就是培训完要考试，考试结果要在公司网站以及内部媒体上公布等等，其核心就是让"种子"知道他们的学习结果是要反馈给单位的，是要讲课的，且讲课内容总部是要检查的等等。

我和L部长一道，花了一个小时将这些想法写成了几页制度。他们领导看了之后，感到新颖，同意一试。

实施中发现，事情比想象的要简单得多。人们并不是不愿学习新东西，而是缺乏一个新的机制打破组织思维的习惯。一是给领导下的"套"，并不是真的套，而是给领导汇报一个个具有亮点的进程，让领导在各种场合讲话时作为备讲内容，偶尔提一下可海阔天空地发挥。领导知道怎样做了，"支持"起来也就没难度了。二是给学员们一个这次"动真格"了的信号，吸引着学员心态的变化。以往学员从外地回来，感到学不到东西，自然不愿意学习，成了恶性循环了。三是给培训组织者一个推动的规则，让大家感到有章可循，推动起来也非常得力了。关键一点，要考试，考试结果上网。这些做法避免了有计划、没组织或有目标、没考核等常见问题。

顺便说一句，最初设计中我提出要对考试结果强行排序，后百分之五必须重修，没有被采纳。L部长担心，这样力度太大，太“狠”了。后来他们改成了，考试不及格的不给报销差费，对当地学员则建议将表现与当月奖金结合。我当时讲，要对排在末位的单位负责人点名批评，排在前几位的表扬，也没被采纳。但是，这么清楚的排名，也是对各单位的一大冲击。我问L部长，有人骂你太狠了吗？他说还真没有人骂，大家都说培训就是要有培训的样子，这样挺好，但我估计排在末位的人不会这样想吧。据说，该企业决定以后处级以上干部的培训也采纳类似方法。我想，过去不是学员错了，而是管理者错了。这就像市场竞争，不是顾客错了，而是我们错了。

第 4 篇

管理的价值

从自己做起、从手头做起

长期可持续发展靠管理

为何高薪却挖不到人

好的管理应市场化特色最强

管理工作从自我管理开始

……

管理是干什么
——从自己做起、从手头做起

阅读思考

1. 如何做一个合格的管理者？
2. 你每天的工作日程是什么？

这一个非常简单的问题，应该足以供更多的人坐而论道。我这里不想条条框框地列出所谓的金科玉律，只想聊几件忘不掉的事儿。

一个是 H 总的事。H 总向我谈起下属时，那种无奈的眼神，我至今记忆犹新。她是企业中的营销总监，直辖市场开发部经理。有个市场开发部经理，让她颇为无奈。他们公司是工程建设行业，招投标信息非常重要，忽视这些信息往往意味着忽视了机会。可是那位经理经常忽视。H 总非常生气，曾下了一道死规定，以后信息要及时跟踪，谁误了事一旦查实要如何云云。命令下了之后，这位经理的确很积极了一段时间，会及时把追踪结果上报，但后来，那些信息就让人不忍卒读了。那都是些什么信息啊，开始的时候市场开发部经理还给整理一下，后来直接就是从网上下载，另存为 HTML 格式的网页，一大堆发过来，摆出一副爱看不看的架势。H 总很生气。那位经理也感到冤："你作为管理者，得把责任给我们界定清楚。你要信息，但没有提出信息的等级要求，我给多给少、给好给坏，没有人给我规定。你怎么能怪我呢？"时间长了，两人就有些不合。

对于这种情况的管理办法，企业里我听到最多的就是要"界定好责任"。但是，像这类收集信息的事情能界定清楚责任吗？挺难。

另外一件事，来自我最近接触的一个企业，也颇有意思。这家企业想搞真正的绩效考核。我在他们企业进行访谈时，从大老板到二老板到部门经理再到班组长，都非常清晰地向我提着这个要求。许多人的眼睛里甚至饱含一种非常向往的神色。

我颇为感动，非常真诚地、认真地与他们探讨绩效考核的事情。当他们极其认真地强调考核的重要性，强调要对工人每项工作都考核到秒级的时候，我提出了个问题："您觉得应该怎样对您的工作进行考核？"这个问题提得真是不合事宜，当很多人想着怎么"收拾"下级时，并没有想到上级怎么收拾自己。于是，有些人当场脸就绿了。

说到考核，总是想考核别人，这似乎是一个常态。在企业中，说到管理时，总是首先想到要收拾别人，而没有想到怎么收拾自己。这种做法对吗？换句话说，管理到底是干什么？

第三件事是与C企业有关的。有一次，我去C企业与高层座谈。这个企业员工的事情相对简单，就是领导布置什么就做什么，做完拉倒。但是中间一群管理层该做什么呢？上次我曾经专门来讲了如何制定工作计划的课程。根据与老板的"密谋"，我给他们布置了作业，要他们写出下半年要做的事情。当我去"收作业"时，发现他们写得真叫五花八门，许多是网上下载的工作总结及工作计划之类，有的甚至从核心竞争力到竞争优势一路扯开去。我开玩笑说，你说不清你下个月做什么，也说不清你明天做什么，我有什么理由相信你真能做到什么"提高核心竞争力"呢？

当然，我想说的不是竞争优势与核心竞争力的关系，我经常观察，也一直纳闷的问题是，企业中层干部是干什么的呢？

这几件事，让我不断琢磨一个问题：管理是做什么的？管理者是干什么的？后来几年期间，我到过大到央企小到几个人的小企业，一直观察并思考着。我发现，很多时候，很多管理者并不知道自己做什么，只是被动地一个会接着一个会地开啊，忙啊，到底忙什么了，不清楚。

管理好是效益好的什么条件

——长期可持续发展靠管理

阅读思考

1. 管理好是绩效好的什么条件？
2. 管理对绩效到底有什么作用？

我把这个问题抛给了一个备考 MBA 的同事。他们在考 MBA 时，逻辑题里就有这种折腾“充分、必要、充要、非充分非必要”的题目。

他的答案是既非充分也非必要。管理好不一定效益就好，因为影响效益的因素非常多；效益好，也不一定管理就好，这一点在中国这样的转型社会中更是明显。我又问，要是这样，那为什么还要强调管理的重要性呢？

这个问题玄了些，类似哲学般的思辨。

我之所以要问这个问题，是因为前几天听了两个老板之间的故事。两个老板，A 和 B 都是开饭店的，后来合作开了一家店。其中 A 老板在与 B 老板合作之前，开着一个连锁店，生意还不错。B 老板一直开单店，曾尝试过开第二家店，但失败了。B 把失败原因归之为自己的管理不行，于是想和 A 合作。A 扩张时需要钱，B 需要学习 A 的管理，一拍即合。

A 一直夸耀自己的管理水平如何如何高，让 B 感到很惭愧，也更加仰视。

合作的店开张了。尽管做了很美的营销策划，但是生意并不好。A 开始着急，并不断地在 B 面前念叨生意如何做不好之类的事情。按 B 的说法，“他像个老女人”。于是 B 与我聊，A 管理那么好，生意怎么就不行呢？相反，在同样位置的其他店生意却很好。

这个问题让我想到了管理好与效益好的关系的命题。

我说我是这样想的。

首先 A 也不一定管理水平就有多高。做生意，尤其是与食品相关的行业，内心里应该多点对生意的敬畏。生意好了，别过于得意；生意不好，也不必过于计较。生意好了，就狂吹自己管理多牛多强，是很危险的事情。因为这个行业更需要兢兢业业，一个小小的闪失，都可能带来关张的命运。他能那样吹，我怀疑他是否管理真的好，毕竟只是刚开始连锁了几家店，也就两三年时间。

其次，管理更多只是能够促进生意好的因素之一，但是这个促进作用更多是长期的。譬如我们能够感知到一个小个体餐馆与一个大连锁餐馆的管理差异，能够感知到谁的管理好谁的管理差，但是一定要说管理在其中起多大作用，倒是一件困难的事。譬如，一个特色菜恰好满足了顾客的需求，可能就将餐馆带火了，而一堆管理工具和方法倒未必。

再次，在短期里，管理好的作用不一定能够立马看出来，但是管理不好的负作用倒可能立马显现，不过也不一定就会显示到效益上。譬如，人们可能会奇怪，为什么服务员愿意少拿三百元去另一家餐馆，而不愿到你这里来，这其中可能就有管理不好的原因。

再回到题目的问题：管理好是企业效益好的什么条件？从短期来看，可能还真是既非充分又非必要条件。因为短期内，效益要好，可采用的招数多了，管理只是其中一个，而且是不起眼的一个。但从长期来看，企业要想可持续性发展，还是得不断地提升管理水平。没有管理水平，徘徊在低层次的企业，无法实现可持续性发展。

管理反映了一个公司的品位

——为何高薪却挖不到人

阅读思考

1. “有钱一定能挖来人”的想法为什么不对?
2. 如何提升企业“品位”?

最近常常会想着新时代下如何对员工进行管理的问题。想的时候，脑子里常常同时冒出很多彼此独立又似有关联的命题。

我一个朋友在某“大型”企业做高管，最近有点郁闷。她的单位最近开始监控网络聊天工具，如QQ之类。公司规定上班时间不能聊与工作无关的内容。这项规定似乎没什么不对，去查《劳动法》之类，应该也不违法。而且因为有规定，并且明示了会监控，所以应该也不属于侵犯隐私权。不违法，规定似乎也合理，但总让人觉得别扭。

我听后，我脑子里冒出这样的命题：有老板娘的企业不是好企业。当然意思不是说，老板都得单身而且还是男的，而是你能清楚地感到老板娘的存在这点让人不爽。至于更深入的原因，我不好回答。因为所给出的理由往往都带有偏见，或者有罪推理，或者就是从现代公司理论出发的一堆说教。

我又想到了曾经见过的许多企业中的一个。这个企业想上市，很有钱，据说利润率奇高。可看了它的网站，发现差不多就是初学者水平的网页制作者做出来的，非常乱，而且不知所云。

我于是又想起一个命题：网站差的企业不是好企业。与上面所说的命题一样，要证实结论很难，所给出的理由也往往都是有罪推理，或者要用理论来一番谁也听不进去的说教。但我还是感到命题有成立的理由。

后来又陆续产生过其他多类命题，譬如：将考勤纳入绩效考核的，不是好企业；营销提成政策到关键处总写成“根据公司有关规定执行”模糊处理的，不是好企业；因为领导午觉没睡醒，班子会议往后推半小时的，不是好企业；领导听别的领导做报告时玩手机，领导听下属汇报工作时玩手机，下属听领导报告时玩手机，领导做报告时除了做报告的领导外所有领导与员工都在玩手机的企业，不是好企业；老板经常讲“不愿意干立马走人”的，不是好企业……

但是诸如此类命题要证实很难，似乎都是特定情况下发生的特定的事情，也没有违法，而且许多企业往往效益还很好。你要说不是好企业，别人会反驳：投资回报率那么高，还不是好企业？

当我试图将脑袋中产生的这些胡乱的命题串在一起的时候，才发现，其实我想表达是：管理水平是一个企业品位的表现。

有老板娘的企业不是好企业。再说一次，并不是说老板就不能成家，而是说你会总感觉到公司存在着“老板娘”，那么这个企业多少还有点奴隶制的味道。换句话说，雇佣与被雇佣的味道太浓了，这样的企业没品位。网站可以简单甚至可以没有，也可以先差后好，但是如果长期很差地那么挂着，它所谓精益求精的理念就是假的；如果企业效益再好点，那差不多就可归为暴发户类型了，没品位。领导开会看手机，员工开会看手机，说明这个企业上上下下都在演戏，没品位。其他类似的命题也都可以类似地解释。

品位是什么不好说，也不是这里能讲清楚的。不过，想一想，为什么一个矿老板给出的工资即使是外企的几倍，许多人还是不愿意去矿老板那儿？倒不是担心矿老板把谁拐卖了，而是觉得没品呗，没什么前途。

管理要尊重三条基本规律

——好的管理应市场化特色最强

阅读思考

1. 好的管理为什么要强调市场化？
2. 如何让管理市场化？

管理是行政式的管理。正因为上级与下级的不同层级，才有了组织。但是，好的管理却应将行政特色降到最低，让市场化特色最强。市场化特色，就是尊重管理本身的规律，按规律办事。越按规律办事，事情越好办，管理就可能会越好。

管理要尊重的基本规律有很多，譬如几个尤其应注意。

第一是市场经济规律。市场经济规律的最基本内容是等价交换，换句话说，要给买方一个理由，要给被管理者一个理由。然而，许多管理者这一点往往做不到。一次讨论在外地员工补贴问题时，某人提出了一个别人无法驳倒的但令人不爽的理由：在外地工作，也是工作，如果连这点奉献精神都没有，那公司以后还敢用吗？这话说完，别人无法反驳，但人们觉得不大舒服，原因就是它违反了等价交换的规律。

第二是尊重企业成长规律。企业成长规律最根本的一点就是进化。进化是一点点进行的。很多时候，出台一项管理政策，总想要最好的、最牛的，尤其是某些国企里，总想掀起一个高潮。但是落后就是落后，不是吹吹就可以改变的。浮夸风在企业里很容易产生，尤其在管理当中。因为给员工信心的同时，很容易扩大自己企业的管理实力，时间长了，连自己也信以为真了。

第三是尊重人性的基本规律。人性的基本规律最基础的一点就是趋利避害。这一点又有不同的表现。有人在意物质的利，有人在意名声的利。有人在意现在的利，有人在意以后的利。作为管理者，就需要把握人性最基本的规律，按照规律办事。如果不按人性规律办事，也可以，借助组织层级制给予的权威，也是可以做到的，但那不是好的管理。

对企业管理者而言，管理自己更重要

——管理工作从自我管理开始

阅读思考

1. 管理工作好坏如何判断？
2. 为什么管理者难以对自己进行管理？

我喜欢与各个量级的企业经营者聊天。

每次聊天时，我的思绪总会在某个瞬间逃离聊天的场景，站在第三方的角度进行观察。很多时候，我发现聊的内容、方式、逻辑、变换、历程、情绪等等，与过往的聊天都格外相同。人们用各种方式表达管理别人的困难、困惑、探索、成功、失败，或者感叹市场机会被下属忽视、生产成本被下属扩大、企业文化被别人搞乱，或者感叹执行力不高、制度形同虚设等。我这时常会想起牛根生的一句话，管理别人最难，管理自己最简单，为什么要舍易取难呢？不如从管理自己开始。这句话精辟之至，令人叹服。

我常听到管理者感叹，现在人们浮躁，年轻人素质一代不如一代、责任意识越来越不强等等。但是，我听不到他们谈自己的责任。我常想问一句，如果员工都自动自发了，要管理者干什么？

管理者要干的事就是管理工作。生产工作任务完成与否可以一目了然，销售员业绩可以画到墙上，管理工作做得好坏也应该有个裁定才对。可现实中，管理工作的履行状况常常易被混淆、忽视。譬如，上午出台一个制度，下午说根据大家意见，此制度作废，另出台一个制度。工人做出废品是要扣钱的，但是在管理者这里却不必为错误的管理行为付出代价，甚至这几天因这事连续加班还会有加班费呢。

管理者有足够的机会为自己找到借口。

做好管理工作的确有难度。它常常是两难的选择，你不能简单地认为自己想要的就一定会实现。一方面，管理是理性的，它必须客观地对所处的环境进行分析，客观地进行制度设计并施以管理方法。很多时候，我们简单地将执行效果差归因到员工身上，恰恰说明了我们在做管理工作时，大脑过于简单了。另一方面，管理者又要在一定程度上是感性的，它要求管理者必须认清楚他所管理的对象主要是人，要按照人的特点对“人”的角色进行管理，而不是将其当作机器。管理的理性与管理者的感性相结合，决定了管理工作不是那么容易做好。

管理者管好自己更是难上加难。从本质上说，操作性工作的好坏相对容易判定，因为有市场标准。一般的管理性工作的好坏却不容易判定，因为很难有市场标准。难以界定管理工作的好与坏，约束力自然就会少了，管好自己的动力也就小了。这也是一些垄断行业的个别公司高管，甚至是个别更小的头目，看起来像土皇帝一样的原因。但其实，每个公司或多或少都有类似的情况。让管理者承担市场压力是根本之道，但这又不那么容易做到。

管理者价值不等于管理的价值

——管理岗位的非市场化决定管理者不应拿市场薪酬

阅读思考

1. 为什么央企高管不应拿市场薪酬?
2. 你认为什么是管理的价值?

最近，我一直试图跳出管理的圈子去思考管理的价值。之所以有这个想法，是因为很多时候管理的价值都被一种自说自话的逻辑所解释，但这种逻辑并不一定被管理的服务对象所认同。也就是说，我们用了很多语言解释了管理的价值，但是员工们并不一定承认。

自说自话的逻辑有很多，通俗一点的，譬如用三个和尚没水吃的例子来说明协同的作用，1 +1 可以大于、小于或等于 2；用“兵熊熊一个、将熊熊一窝”来说明，领导对一个团队是多么的重要等等。理论一点，又譬如用交易费用理论来说明组织成本与市场成本的均衡点决定了企业的边界，管理的价值就在于降低内部交易成本等等。

从不同角度、以不同方式进行的解释，似乎论证了管理的价值，让人们不得不认可。而凡是不认同的，常常被看作是跟不上组织成长的步伐，需要洗脑。

我走动在不同企业的时候，常常有意识地接触基层员工，发现对于管理的价值，他们有自己真实而矛盾的理解。他们基本上都认同管理的价值，但是对于为实现管理的价值所进行的一些管理改革工作却不理解。譬如，对于高管股权激励。这个从理论上来讲有很多道理，如委托代理理论及激励理论等。但员工对某些人拿股权激励却并不理解。“凭什么你靠关系当上了领导，原来叫局长，现在改制了摇身一变叫高管了，你就要拿高薪?”我用管理工具解释不清，心里感到这不是管理问题。有趣的是，在学术界还在用实证方法证明高管薪酬与公司效益正相关的时候，包括美国在内的各国开始降低高管的薪酬。再譬如，与员工更密切相关的薪酬体系。现在大多数企业的薪酬设计都是基于岗位价值高低。管理有价值，所以管理岗位要体现管理的价值，这点老百姓认同。可是当管理岗位的工资明显高于一线工资时，许多人就不理解不认同了。“整天坐机关，闲着，还拿那么高的工资?”

是员工的理解错了吗？我看未必。员工为什么会这样的理解，可能有很多原因，但关键的一条就是管理者的价值未必等于管理的价值。相当多的管理者只有管理者的名，并没有真正履行管理的责任，并没体现管理的价值，这才是问题的根源。

说到这里，有人可能会反驳，管理价值通过岗位价值来体现，按岗设薪，不是按人设薪，你一定把概念搞混了。我没有混淆概念，相反是在现实操作中人们常把概念混淆了（这里说到三个概念，管理的价值、管理岗位的价值和管理者的价值）。人们常说薪酬针对的是岗位，没错，可是应注意到，在很多市场化还不彻底的企业中，这些概念有很大的差别。譬如，一个掌管着数百千亿资产的国企的某位副总岗位，说到管理的价值那大了去了，这是从市场化角度来说的。可是从组织角度来说，副总的那个岗位的实际价值可能很大，也可能就是零或很小。什么情况时为零？在用人能上不能下的情况下，不能让这个副总下去，就把你摆到一边给你设个闲职，那时的岗位价值几乎为零。或者本来不该设某个岗，但是看你干不了活，让你下来又不合适，这时再新设一个岗，新提一个人，这时你的岗位价值就被稀释了。又如某人上面有很强的关系，经过一番运作，被提上去了，但干不了实事，只占个虚名，岗位价值也几乎为零。换句话说，管理岗位本身不市场化时候，谈市场化薪酬肯定不合适。

再进一步来讲，人就在岗上，理论上的岗位的管理价值也未必就能完全发挥出来。有些岗位的管理价值由于管理者的才能限制而体现不出来，譬如有些岗位听起来价值很高，组织期望也很高，但岗位上的人才能有限，那么这个岗位的价值就体现不出来。有些岗位的管理价值，在公司所处的管理阶段，作用根本就不可能发挥出来。具体例子就不必多举了。很多时候，不是他们不想做，是公司发展的阶段决定了他们不可能做，尤其是一些传统官僚机构转轨成为企业的管理岗位上的人。从市场化角度来说，不该养的人绝对不应养，但是现实中不可能做到，因此，在薪酬设计时，对岗位价值评估后，有几家企业会对人员数量、质量进行认真评估，多退少补、优胜劣汰呢？所以，人员没有市场化时候，谈论岗位市场化薪酬肯定不合适。

打这样的比方。如果管理的价值相当于一个人站在凳子上可以达到的高度的话，现在问题是那个凳子摆放的本身就有问题，站在凳子上的人身高也未必合要求。这时候，这个人口口声声要按市场化规则拿薪，并拿姚明作为对标对象，声称姚明站在凳子上值多少钱，我们也不能差太多云云。一些地产国企的老总就在喊，你看万科王石的工资要多高呢，我们不要那么多，拿个零头还不行吗？一些央企老总在喊，我管这么大的企业，国际同行拿美元高薪，我们不要那么多，拿个零头还不行吗？这是笑话般的现实。

这是转型期间特有的问题。岗位不是市场化形成的，人员提拔也不是市场化形成的，说全不该拿市场薪酬肯定会冤枉很多人，但要全拿市场薪酬肯定会纵容很多钻空子的人。不是市场化的用人，却要市场化的薪酬，这个逻辑常被人们有意或无意地忽视。于是我们就会发现，管理人员尤其是高管人员，工资涨得比一般员工要快得多。

管理者的付出

——管理者要做管理的事

阅读思考

1. 为什么很多事情没有结果？
2. 如何让事情总是有结果？

管理者可以只要结果，这一句话没有任何问题，问题是，你要获得结果需要奉献什么？需要付出过程。实际上，也就是强调管理者得做管理者的事情。这让我想到了一个最近接触的例子。

一家企业要上一套新的软件系统，大约是流程再造之类。来了一个上级的技术人员讲这套东西，着重是讲将来怎么实施。这个企业分管技术的副总以及技术部门的主管，还有几个小年轻都来了。那个上级的技术员讲得非常差，连我都忍不住想打瞌睡。讲完之后，他让几位谈谈意见。

那个副总站起来讲了三点。一是这事情非常重要，是集团要求，企业必须给予高度重视；二是相关责任人要重视起来；三是技术部门要认真研究，拿出意见来。他强调说，我只要结果，不要过程；技术部门给出的意见要清晰、明确。讲完后，他说自己还有会要开，有任何事情可立即给他打电话，然后就走了。

剩下一帮人继续讨论。讨论中，因为不懂，也谈不出什么所以然来。技术主管也没劲了，就谈了几个意见，让几个小年轻继续讨论，说自己回办公室处理一下文件，一会儿再来。

几个小年轻呢，倒是有劲，趁机把大学学的东西复习了一下，与上级来的技术人员讨论得热火朝天。我在边上看得很热闹。我知道，小年轻们也是凑热闹而已，是拿不出可供高层会议讨论的东西的。

后来，技术主管没有回来，副总也没有回来。

过了几天，与那副总聊天。副总讲：现在员工素质真不如以前了，到现在也没拿出个明确意见来。现在，老总要我出意见，你说我一个副总能亲自做那些事情吗？

我开玩笑说：不能，高层应该干高层的事嘛。但是，高层应该干高层什么事呢？不知道，反正不能干这种事，对吧？

与技术主管聊天。那人更潇洒，说到汇报那天再说，看领导怎么办。

我看着这个国企里发生的事，感觉就像是我十多年前曾经待过的国企的重复。搞不清他们是搞政治呢，还是搞企业。也可能背后有什么故事，谁知道呢！

管理者要做管理者的事情，我还是想起我讲的这句老话。自己不懂，也不想懂，还不想管理自己该管理的事情，那你要什么结果呢？

这事肯定没有结果，因为没有付出。但要付出什么呢？管理者当然要付出管理。

请用管理语言描述管理问题

——企业中用语要基于事实而非感觉

阅读思考

1. 什么是管理语言？
2. 企业用语为何要用管理语言？

企业里常常有一个可怕的现象，就是管理者不会用管理语言描述管理问题，不会用管理思维思考管理问题。一些本来非常简单的问题，在经过管理者云里雾里的描述之后，却变得十分复杂，让下属无从着手，甚至引发内部矛盾。因为不会运用管理语言，许多管理者的管理变得效率低下。

管理语言首先应该是在对管理问题准确界定的基础上展开的，也就是管理语言首先要谈论管理的问题，运用管理的思维。一些企业管理者谈公司发展战略时，动辄喜欢用诸如“我们有了一定成绩，还有一定的差距”“希望能够继续保持优良作风，努力克服不足”“争取更上层楼”“戒骄戒躁”之类的艺术性语言。那么什么叫“一定”？什么叫“更上层楼”？怎样界定？界定到什么层面上？讲话者不知，听讲者也未知。结果只能是讲者完成了讲的任务，听者完成了听的任务，回头来一切照旧。太多的企业里，领导讲了三个小时，中层传达时只有十分钟，到了基层根本只剩下“领导又开会了”的概念而已。如果领导的指令如此分流，到了最后无法落实到业务运作层面，那么一切只能是领导在玩一种自我陶醉的语言游戏而已。我们常常感慨，企业里有太多的会议，真正有效的没有几个；企业里有太多的决策，真正落实的没有几个。于是，似乎执行力又成了流行的话题，其实执行力欠缺首先应从管理者身上找原因。试想，如果我们清楚地说明，企业过去的战略目标实现程度如何，存在的问题是在业务领域还是管理领域，是在人力资源领域还是运营流程方面，整个企业用一种非常准确的语言体系对话，结果又会是什么样？

当我们习惯于用哲学语言、艺术语言、文学语言而非管理语言描述问题时，又常常无法准确界定管理问题。一些中层及基层管理者常常抱怨员工素质低，甚至“拖都拖不走”。一些老板与员工谈业务问题，谈着谈着就成了员工能力问题；谈人力资源问题，谈着谈着就谈成了员工积极性问题。与此同时，员工听着听着就听成了老板想克扣自己的问题，听成了老板想炒自己的问题。普通的管理问题不经意间上升到了劳资矛盾。于是，民营老板感叹现在招一个人真难，员工感叹跟一个好老板真难。当我们无法用管理语言描述管理问题时，又怎么能解决管理问题呢？常常只能乱上添乱而已。

用管理语言描述管理问题，需要基于事实展开。某企业有这样的一个场景。几位企业高层讨论提拔干部。一位高层在评价候选人时，讲“A 这几年成长非常迅速，而且小伙子潜力巨大，前途不可限量”，另一位反驳“我看 A 不行，这几年虽然有些成长，但是缺点也还是有的，而且缺乏可塑性”。两位围绕 A 是否可行展开辩论，结果不欢而散。那么，什么叫成长非常迅速？什么又叫可塑性？如果我们用岗位职责和所需能力素质为准绳，用事实去论证和支持，这种讨论将会从感性走向理性，不会如此虚不可言了。

基于感觉而非事实的语言，将会使某些所谓的管理者钻空子。一些管理者根本不愿管理，也不懂管理，更不会管理。“该讲的话，我讲了；该说了的话，我说了；该骂的人，我骂了，一切就与我无关了。”该讲的话，谈的是感觉，用的哲学语言，似乎是辨证的，传达的上级精神；该说的话，说的是形而上的，说与没说一个样，强调的是别人的责任；该骂的人骂了，骂完之后，下属摸不着头脑，该错还照样错。骂是为了推掉责任，我骂都骂了，还有什么责任？这种十足的本该属于行政部门的官僚主义在企业里却常常出现，连大企业都在克服的大企业病，却常常出现在中小企业。实质上，许多企业管理者并不是管理者，倒像是“官”理者，令人叹息。为什么不能清清楚楚表达基于事实的清晰观点呢？还是想保乌纱帽。当管理语言无法基于事实时，其对企业的价值也将大打折扣。

用管理语言描述管理问题，需要尽可能以量化的方式进行，对于一些定性的问题也尽可能定量处量。“差不多”“大概”之类的语言不应该在企业里出现。你问我什么时候这项工作能完成，我回答差不多了；他问你给客户发货了吗，你回答应该发了吧；你再问，负责部门的工作完成如何了，他回答大概没问题吧。企业就在这样的“应该吧”“大概吧”中，一点点陷入混乱之中，责任也在混乱中悄悄推给别人。企业不需要模糊的语言，需要的是清晰的回答。三天，三年，完成了百分之九十……当我们习惯于用定性语言描述问题时，企业运转将进入到有序的状态。

用量化方式处理管理问题，的确有些难度。因为管理是科学，同时又是艺术。对于我们目前大多数企业来说，科学成分太少，而艺术成分太多。尤其是一些中小企业，有轻视量化的倾向。当你无法准确描述你想要的东西时，你根本不可能准确地得到它。量化应该成为管理者的思维习惯。

用管理语言描述管理问题，摒弃那些哲学的、政治的、艺术的语言，让管理问题简单地被界定，让管理者的精神在企业里得到准确传达。当整个企业习惯运用管理语言，进而形成企业内部使用的语言时，管理会变得非常简单，管理者也会变得轻松。

提升执行力关键要管理者负起责任

——执行力差先从管理者找原因

阅读思考

1. 提升执行力的关键在哪里？
2. 为什么执行力难以提升？

一位同事在聊天时指出执行力实际上是伪科学，另外一个同事则讲他根本不看这些宣扬执行力的快餐性书。执行力真是个不好说清的话题。

SUNNY 在 QQ 上对我讲，她的老板也在与她商量如何提高员工的执行力。老板认为，员工素质太差，许多本该搞定的事情一直无法搞定。SUNNY 则强调为，老板也有问题，不能只怪员工，管理者也应该有管理者的责任。

当企业里出了问题时，我们常常看到这样的怪事。高层怪中层没有执行力，中层怪基层没有执行力，基层又怪高层没有魄力。于是怪到最后，突然有个大师出来说，用执行力理论改善，结果一群人在一起热热闹闹地讨论起了如何提高执行力。在这场讨论中，职位越低越没有发言权，职位越高发言权越大，于是讨论的结果，包括奖惩，都是针对基层的。员工虽然没有发言权，却有“用脚投票”的权力。就是根本听不懂你满嘴胡言乱语，手里的活还不得不干时，“你说你的，我做我的”，一切照旧。当然，整的过火了，也会激发某些人“此处不留爷，自我留爷处”的雄心，潇洒离职。老板兴致来了想起要提高执行力时，也可能一人送一本励志书，然后做着员工执行力大大提升的美梦。他可能不知道或假装不知道，没有人会真把那些书当回事！

也有些人特别是培训师，会不遗余力地讲着执行力，什么执行力有大小、方向与作用点，像模像样地用科学的方式讲解着这个让人头痛的课题。将物理的、化学的、天文学的知识运用到管理上，是许多人包装自己的绝活。

我也为企业做培训，十年前曾经讲过提高组织能力的课。每次上课时，都会有学员讲到执行力，动不动扯到物理学的内容。我就很纳闷，经常想问他们，总谈提高下属执行力，凭什么认为你是管理者了，你的执行力就高了？凭什么你是老板，你的执行力就高了？你知道力的大小、方向、作用点之后，就可以提高知识力了？扯淡。这样的话在脑子里过的多了，偶尔也会说出来，学员听完之后直喊好，说又是一个好的执行力学派。我无语，于是后来不仅不讲执行力，干脆连组织能力提升的培训也不做了。不做这方面培训了，便可以经常谈这个话题了。这是题外话。

要说执行力，一个层面有一个层面的执行力。每个层面的执行力都是表现出来的最终结果，有果必有因，后面的因复杂着呢。如果你的“自动自发”不是天生的话，那么就得学习了。学什么呢？烧饼店里的师傅打烧饼执行力总不过关，那就学习打烧饼；工厂里的工人做出产品质量总是不过关，那就学习提高产品质量的技术。不是技术的原因，那就找别的原因，该提高什么提高什么。同样，对于管理问题，就要向管理要执行力，不会管理的，认认真真学就是了。

一般来说，基层员工要着重提高职业化水平，中层管理者要提高管理能力，高层管理者要提高迫使企业文化不断进化的能力。职业化水平是基础，是企业里每个员工包括老板都需要提高的。一个连最起码的职业化水平都没有的老板，自己常常本身就是管理活动的破坏者，那么你要求下属提升执行力只能是一厢情愿。

我们目前强调更多的是员工的责任，往往忽视了管理层的责任。让管理者负起管理责任是目前企业提高执行力的重要环节。

让管理者负起管理责任，学会用管理的思维思考管理问题，用管理的语言描述管理问题，用管理的手段解决管理问题，这样企业才能在良性的轨道上发展和进化。如果你不能找到其他可控制的进化办法，那就要向管理要执行力。

海尔曾经的车间纪律就是“不允许随地大小便”。你可能会羡慕海尔今天那种攻城略地的潇洒，可如果你忘记了他们今天的成绩就是在“不允许随地大小便”的基础上发展起来的，那么你再要求“自动自发”，也只能是白搭。要求只是要求，管理者要做的，只能是用管理手段去解决这个管理问题。

企业的发展是一个渐进的过程，增强企业发展的生命力的办法，就是耐心地用管理手段不断提升。管理者的责任就是管理，让管理者负起责任是执行力的关键环节。当然，你要说某大牛不懂管理照样把企业做大了，我也没有办法。但是你要明白一点，你是不是天生的牛人？

知道管理能做什么也很重要

——管理有用的前提是管理者愿做好

阅读思考

1. 管理在什么条件下才起作用？
2. 如何界定管理起作用的界限？

管理当然不是万能的，有些事情不能或无法通过管理手段解决。这一段近似真理的废话，应该不会有人反对。但是，界定清楚哪些事可以通过管理手段解决，哪些事情无法通过管理手段解决，则不容易。

一个公司的人力资源经理下面有三个兵，现在两个跳了，一个闹着要转岗。企业的人自然想到了，要给这个人力资源经理做个“带队伍”的培训，提高激励与培养下属的能力。但是，如果仔细分析下属“不安分”的原因，才知道那根本不关“培训”什么事儿。譬如，一个跳槽下属走的直接原因是，某天晚上下属回家了，经理在加班，电话要求该员工第二天带某纸质文件到外出招聘的现场。员工家在郊区，公司在市内，怎么算时间都不可能。而当时文件就在经理的手边，经理完全可以自己带着去就行了，但经理就是不带，还说了一句流行的话：“我只要结果，不要给我任何借口。”类似例子还有很多。结果三个人受不了，所以要跑，要走。

有这样的一个疑惑：那份很轻的文件，经理为什么就不能自己拿一下，非要让下属几个小时来回折腾？你可能有一万个猜测，但是如果将之归结为管理不够人性化、管理人员不懂管理的艺术性之类，我就会不认同。原因很简单，就这件事来说，经理与下属之间的矛盾并不是管理问题，而是那个经理人品的问题。当人品存在问题时，任何管理手段非但会失效，而且可能会起反作用。这时，如果你非要从管理角度来解决这些问题，如提高沟通能力之类，那么就钻进死胡同了。

管理起作用的前提是，管理者愿意将管理做好，如愿意把团队带好，愿意承担责任，愿意帮助下属等。如果不是这样，那么管理手段就很难发挥作用。在职场上，有些经理不是把下属当作是团队成员，而是竞争对手。在招聘时，遇到比自己牛的人，能挡就挡住，实在挡不住，招进来了，就处处小心防范。对这样的人，越培训结果可能越适得其反。

是否可用管理手段解决，界限也是根据问题界定而变换的。别把什么事都往管理上推。对于不是管理问题的问题，管理就只能无可奈何。但仍然有很多企业在白花钱，费很大劲试图用管理手段去解决非管理问题，不是吗？

这事不属于管理

——管理并非万能

阅读思考

1. 如何界定企业中的问题是法律问题还是管理问题?
2. 为什么强调管理的前提是依法经营?

在2007 年前后，山西曾发生过黑砖窑事件，是当时的新闻热点。曾和一些朋友聊天，沿着黑砖窑事件展开，他们最后竟然得出一个“中国企业管理不规范”的结论来。作为一个管理研究者，好为人师的特征使得我每次遇到这样的情况，都想纠正，但却发现并不容易。人们甚至会沿着这个话题扯到自己的老板多么黑心，上司多么可恶，让你不由地无可奈何。

我想说的是，山西黑砖窑老板的问题不是管理问题，而属于法律问题，至少不是纯粹的企业管理问题。不是管理问题，就不要用管理手段来解决。

谈论企业管理规范不规范，一个基本前提就是这个企业得愿意合法经营。只有在这个条件下，我们才能够谈其管理目的、手段和方法是否有问题。就像是，我们要说一个医生医术高明不高明，他首先必须是个医生，且愿意治病。在这个前提下，才能够谈他治病水平高低的问题。山西黑老板实际上就像是拿着手术刀的杀人犯，所以谈他管理规范不规范本身就有点跑题。它是一个法律问题。

将法律问题与管理问题混淆，常常是违法者的幌子而已。一个小企业老板，到了年底该给业务员发提成的时候，却以种种理由不给了；女员工在产假时，以各种理由提前待岗了等等。这些问题实际上不是纯粹的企业管理问题，而首先属于法律问题。一些企业老板看员工法律意识淡薄或者员工维权成本过高，就以违法的方式来完成自己利益最大化，还要冠以“个人目标必须服从组织目标”的大帽子，将法律问题转化为管理问题，那是骗术，不是管理技术。

将法律问题进行管理问题化、经济问题化的现象，已经屡见不鲜了。如一个人贪污受贿了，结果后来的探讨主流转向了机制的建设；一个人侵吞国有资产了，话题最后转向了委托代理机制上了等等。进行管理问题的研讨无可厚非，而且是必要的，但将讨论话题掩盖了法律实质，却只会让有些人在偷着笑了。

我曾经接触过一个做贸易的老板，他要我帮着设计一个激励系统，因为他手下的销售员工积极性不高。我简单调查了一下，发现他给销售员的提成总是在克扣，该给五万的只给两万。这种情况几乎针对全部销售员。我问老板不遵守合同约定的原因，老板讲：“销售不仅仅是销售员个人的力量，更重要的是公司和团队的力量，所以提成不能给。”并请教我：“团队精神如何培养?”我的回答是：“没有最基本的合法经营，管理只是扯淡。”

管理是管理，法律是法律，两者不能混为一谈。从历史角度看，眼前出现的某些“果”必有“因”，如某些国企腐败现象，必然有“公司治理”的因，但是谈到腐败的时候，更重要的是如何用法律手段惩治腐败。不能一提到腐败就往制度、机制上靠，引开大家的注意力。最后，重复一遍，山西黑砖窑老板的问题是法律问题，如果你非说是管理问题，那也是执法者的管理问题。

两家企业，两种命运

——改制不是万灵药

阅读思考

1. 为什么改制后的国企效益不同？
2. 如何修炼、提升企业“内功”？

最近常会不由得想起十多年前工作过的国有企业。这家曾经号称全国某行业最大的企业，十年来一直在困境中挣扎。来北京的朋友说起这家企业，用得最多的一句话是：“还是那个样子，不行。”

我不知道该如何描述我的心情。对于初入职场的大学生来说，如果他的第一家雇主是国有企业，那么，无论他以后走多远，永远会把自己看作是“厂里人”，无论他遗忘多少往事，也总会用“我们厂”来指代那家国有企业。至少，在我接触的 20 世纪 90 年代中前期毕业的大学生是这样。前两天送走一个来京出差的老同学之后，我的心里常常会因为想起“我们厂”而有些难过。

这家企业曾经有着非常辉煌的历史。但到了 20 世纪 90 年代中后期，像相当多的国企一样，它陷入了“脱困”状态中，自此一直没有恢复元气。它的不幸也有着自己个性的原因。在 20 世纪 90 年代中期，它曾经试图转向汽车行业。这个转型暂且不论是否正确，但有一点却可以确信——它的转型不坚决，似乎总处于摇摆之中。员工中有流言说，因为高层意见不合。这种说法无从考证，但我参观公司的废品库时，确实看见过许多汽车发动机之类的试产废品，或者因保管不善而导致的正品变废品。有人说，管理不善是因为有些领导故意安排一些“差”技术和生产人员做这些事。总之，在摇摆之中，机会就这样失去了。这种摇摆属于战略以及战略管理方面的工作，它欠缺的是有效的战略支撑体系。

另一家企业，和“我们厂”在同一城市，也是某个行业的老大。我有不少同学仍然在那里发展。这两家企业有着很多共同之处。譬如都曾是行业老大，都曾经在 1990 年代中后期遇到非常大的困难，都有点像政府，人事关系非常复杂。

可是，令我感到惊讶的是，现在这家企业变化非常大。从外在说，财务效益变好了；从内部管理上说，人员大大减少而效率反倒提升了。

这个“厂”变化的原因是什么呢？“不是厂，现在是有限公司。”同学先纠正了一下，“主要是改制之后不一样了。”有哪些不一样呢？同学介绍说，根子上有一点就是人的主人翁意识增强了。过去是大锅饭，现在是真正的主人翁，因为大家要一同参与市场竞争。当大家一致对外的时候，内部倒真正有了团结的可能。主人翁精神表现在，大家认识到是在为自己工作，对待不良生产行为，由过去的姑息变成现在的反对。与集团公司的关系，过去是行政式的，现在不能随便下命令了，就这样变好了。

同学不是搞管理的，但是他简单的逻辑却有点意思。我就问，“我们厂”不是也改制了，为什么还没有改变呢？他说不来原因，但列举了一些现象，说这家企业开始卖地、往郊区搬，后来又搞房地产开发，他们的产品更新太慢、不能适应市场，等等。

两个企业，两种命运，为什么呢？改制之后，一家企业迅速发展，另一家还在原地徘徊。我想，改制的作用，仅仅是能为企业建立一个良好的治理机制，使企业能够成为自主经营、自负盈亏、自我发展的独立市场主体，但不一定能够保证这家企业一定具有自主经营、自负盈亏、自我发展的能力。提升这些能力，还需要自己的努力。对于“我们厂”来说，改制之前的很多薄弱能力，譬如战略支撑体系，改制之后并不会自动提高。改制了却没有及时把握机遇提升自我能力，就必然会出现“换汤不换药”的症状。而第二家企业，把握了改制的历史机遇，迅速提高了自我能力，取得了快速的发展。当所有的企业都进行了改制，按照现代法人治理要求进行建设之后，改制的优势就不存在了，企业最终拼的还是核心竞争力。那什么是核心竞争力呢？这又是另一个问题了。

不能误读的“和谐”

——规则和机制才能保证真正的和谐

阅读思考

1. 为什么反复强调规则和机制的作用?
2. 你认为什么是真正的企业和谐?

最近接触一个与政治结合比较紧密的垄断企业。这个企业的管理非常薄弱，几乎可以说没有建立基本的科学管理体系。由于是垄断行业，而且是从行政部门转过来的，因此市场竞争意识弱，人们更看重的是关系而非管理。大规模学习和谐社会的文件之后，企业里竟然出现了“和谐社会就是不能处罚员工”“和谐社会就是不能让员工下岗”“和谐社会就是不能搞绩效考核”之类的说法，更别说薪酬改革之类了。

对于这样管理基础薄弱而员工收入却不低的企业，我真是懒得谈论管理理念的变革。我辛辛苦苦地在那里学究般地谈话了半天，可能效果只是演了一场戏，让人看得还不一定过瘾。

在部分人的眼里，我是正式工，国家规定有工资级别，就是我不上班，也得给我发工资，要不，就会理直气壮地上访，都和谐社会了，你还能把我怎样。而领导最怕的就是上访。当然，在政治为主的环境中，员工一般也怕大“老板”，大老板一般“根”都硬，惹毛了，不好收场，但他们不一定怕中层管理者。这样，对于和谐社会要不要管理这个说法，感到压力最大的就是中层了。“要不要管?”他们急切地问。

我的回答非常清楚：“和谐社会不仅需要管理，而且最需要管理。”当然，面对这样的情况，我的答复也多是“坐而论道”，虽然我曾反对坐而论道的方式。

原因很简单，和谐社会需要规则，没有规则就谈不上和谐。和谐的“和”，一边是“禾”，一边是“口”，什么意思呢？就是人人有饭吃。和谐的“谐”，一边是“言”，另一边是“皆”，什么意思呢，就是人人能说话。但是人人有饭吃，并不等于人人可以到处乱吃饭，谁的饭都可以随便吃。人人能说话，也并不等于可以遇到谁都能随口骂。就像是，城市交通要做到人人有路走，并不等于人人可以不遵守交通规则。只有遵守了交通规则，人人才可能有路走。同样的道理，只有人人遵守了吃饭的规则，才可能人人有饭吃、人人都能说话。

往深了说，具体到企业里，人人有饭吃的规则是什么呢？就是“多劳多得，按劳分配”。规则面前人人平等。如果不打造并让人遵守这样的规则，就意味着“吃饭”的规则被打破了。一旦形同虚设，短期内会伤害一部分优秀员工的利益，长期看甚至会伤害整个企业。这种现象，在 1998 年左右的国企中比比皆是。

人人能说话的规则是什么呢？就是要有民主，要让每个员工都能充分表达自己的思想。其规则就是所说的话要能够有利于企业利益、国家利益。当然，每个人也可以为自己利益说话，但不能违反组织利益最大化的规则。

和谐社会中，企业更应该加强管理，按组织运行规律来运作企业，否则就不叫和谐了。

我这样的“说教”本来以为不会有作用，没想到效果还可以。许多人对我讲：“我听明白了，和谐社会更要打造一个好的机制，不能靠人治。”也有人给我讲：“我同意这个观点，但是如果没有一个合适的管理机制，就不应该管那么多。”我无话可说了，这好像就是说，法制完善之前就不要反腐败一样。也就是说，不是我不来上班，而是你没有搞出一个公平机制，你凭什么不给我发工资？对这样的逻辑我真哑口无言。

浮躁的管理

——管理应踏踏实实、从我做起

阅读思考

1. 浮躁的管理有哪些弊端？
2. 如何使会议沟通紧紧围绕主题？

我一般不愿意与不同路子的人聊所谓的管理话题，因为那样特别累，也特别傻。在别人急着要下班、要去酒吧约会、要急着去玩各种现代游戏的时候，你却在那里唠叨着，讲着不着边际的故事，的确有些无聊。

昨天去 C 公司与高层一起沟通管理问题。去之前，我在网上与几位朋友聊了如何沟通的事情，最普遍的看法是，讲观点要鲜明，再就是讲一些故事，那样就会非常有趣且有震撼力。

尽管从 1997 年开始站在数百人的讲台上“宣传”以来，宣讲这活儿对我来说已经没有什么问题了，可我还是非常谨慎，对每次“宣讲”都认真准备。那种举一两个所谓的寓言故事，折射出一些东西的培训或沟通，我不习惯。感觉就像听郭德纲说相声，这哥儿们能侃，仅此而已。

然而，这真是一个非常浮躁的社会，人们更希望听一些非常庞大的题目，聊一些心灵鸡汤的话题，而不愿听你实是求是的唠叨。管理上的心灵鸡汤并不难做，只需要根据人的特点加工一下就行。比如给老板讲的时候，就站在老板角度来指出员工的不是，如强调员工的执行力不强、职责不清、流程不清等等。错误总是别人的，成功都是自己的，你看老板们有共鸣不？而你给员工讲时，就站在员工角度谈公司的不正规，对比讲 GE、IBM 之类多么正规，领导多么会激励人，管理者多么牛，也会引起强烈共鸣。

有用吗？

很多时候，人们总以为企业是最讲实际的，事实上很多企业都有浮夸的通病。

本来是讨论怎么将市场做好，可是却扯到业务员的积极性上，接着会继续扯到中国人的劣根性上，再接着会来一个中美的比较。不着天不着地地海阔天空、古今中外扯一回，对改变企业管理现状有用吗？

再回到与 C 公司的沟通上来。当天来开座谈会的 C 企业的高层们我都非常熟悉且认同。认同了，就可以在一起谈。座谈不是培训。在为这次座谈会进行准备的过程中，我主要力气竟然放在了如何让大家的讨论不跑题上，而不是内容上，这让我感到很沮丧。

这次座谈会的目的是推动高层做出年度计划。座谈会开始以后，我首先给他们看了一个同行业的标杆企业的计划管理。这是一个非常详细的工作例子。结合这个例子，我逐个分析 C 公司各部门的情况。看完之后，让他们讨论总结，结合自己的情况理理计划的思路。总结时，大家竟然说到了“员工素质低”，也感叹别的公司做得真好，基于事实、可量化、有稽核点。话题偏了之后，我赶紧转到“理论”上，引导大家讨论别人做出来的东西背后的方法是什么。结果又说到了中国式管理的话题上。跑偏了拉回来，拉回来后再跑偏，最后总算没跑偏太远。

在座谈会结束后，我提出既然高层学习了，就要先自己操作，自己会操作了再往下推。之前这家企业的习惯是，拿到会上布置的作业后，高层会安排中层去做，中层再安排基层去做，然后作业层层交上来，算是完事。如何去做，安排的人自己未必知道，甚至未必想过。对这种做法，普遍的理由就是管理者就要通过别人来完成任务，而不是亲自去做。我尝试着打破这种常规，虽然知道要完全打破也是很难的。

浮夸的时间长了，就会形成路径依赖。喝心灵鸡汤挺好的，很多公司和很多人都在喝，社会上有很多人在卖，皆大欢喜的事，我何必这么较真呢?我也觉得自己有些过分。

虚假的管理

——思考和解决问题才能让经历变经验

阅读思考

1. 管理者应如何履行管理职责?
2. 如何促使管理者思考并解决管理问题?

曾经讲过这样的一句话:“许多人在短时间内思考自己企业的总量,比别人一生思考的都多。”本来只是一个思维碎片而已,没想到,引起一位房地产界朋友的共鸣。他也曾经以特殊的方式表达过类似的意思,而表达的方式更有趣一些。

这位朋友经猎头推荐去面试,首先见其中一位副总。可能是副总对将要空降的精英有些排外,十多分钟的面谈竟然有五六个电话打断。这种行为语言明摆着是不乐意精英加盟的。对于这样的企业,朋友当然也不会有太大的兴趣了,但既然来了,就礼貌地完成程序算了。副总面试完之后,一起去见董事长。在朋友与董事长的谈话时,那个副总又在旁边不断地打电话。然后,他又直截了当地说:“你总共才十多年经验,显然不足啊。”

听到这句话,朋友不急不忙地说,经验与年限之间固然有联系,但并不等于有了年限就有了经验。朋友讲道：一个士兵跟着拿破仑南征北战了好多年，后加入的士兵都升官了，可这个士兵一直没动。这个士兵问拿破仑为什么。拿破仑听后，指了指身边的一头驴说："这头驴一开始就跟着我，但现在还是一头驴。"

朋友接着说道，企业管理能力和水平的提高并不是因为在企业里工作了多少年，也不是因为在管理岗位上待了多少年，而要看真正思考过并解决过多少管理的问题。

听完他的这个故事，我不由得笑了起来。

笑完之后，我想起曾经去过的许多企业。国有企业里许多管理者是不看管理、不学管理、不懂管理的，只看人事关系，搞人事斗争非常老道。民营企业里许多管理者也不看管理，而是看老板，老板让怎么做就怎么做，多年如一日。这样子能够增加管理经验吗？无论是国企还是民企，许多管理者实际上并没有怎么思考和解决管理问题，而是按部就班地过着一天又一天。

当管理者不去积极履行管理职责时，其实与普通的员工并无二样，会被大量的琐事缠身，而这些琐事本来只是属于员工层面的事情。

当管理者不能够积极地履行管理职责时，再小的企业也会得大企业病，大企业更是举步维艰了。

企业必须注意那些长期呆在一个管理岗位上的人。长期待在一个岗位上不动，要么是组织忽视了他的才能，要么是他实际上只是增加着工作年限而并没有提升管理能力。许多时候，不是这些人想不出管理办法，而是根本没有去想过。试想，如果长期待在一个管理岗位上，整天思考并着手解决管理问题，不可能不提高管理能力，也不可能没有效果的。

有些民营企业的管理者可能会认为，自己不是没有思考管理问题，而是老板不放权。他们认为，由于老板只给责任不给权力，因此一些事情搞不开。而老板们却常常不这样认为，结果就成了管理层级间的相互推诿。

那么，如何才能促使管理者思考和解决管理问题呢？我认为，不能靠大会小会讲，还得靠机制。而机制的构建，也得学点管理知识。

我再举一个客户的小例子。某中小民营企业的管理者认为老板不放权，老板认为自己早已经放权了。两方观点不一样，外人也说不清谁对谁错。我讲了半天通过构建机制解决，他们半信半疑，我只得具体提了一个非常简单的解决办法。我的提法是，以后合理化建议不要先提给别人，更不要先提给领导，而是先提给自己。每个人每个季度根据分管的工作提出一个管理改善提案，从理念的提出到方法再到具体的执行计划详细列出，按权限报领导批准后执行。不多，一个季度一个。如市场部经理可以提出一个“AA 行动”夏季销售的策划，行政部经理可以提出一个企业文化的行动方案等等，方案必须经得起管理会议的讨论。这样一来，许多人开始急了，这才发现过去随口给领导的建议要化为行动其实并不件容易的事情。给领导提个理念，让领导去化成行动，那多简单？当从“考”领导转到“考”自己时，管理者意外地发现领导放权了，领导也发现下属开始思考管理问题了。实际上，我提的只是加强计划管理的方法而已。不过，这也难为了有些管理者，平时可以给别的部门提无数建议，轮到给自己提建议还要执行时就难了。当然按照我的提议去做的，后来都收到了良好的效果。

所以，若不能够思考和解决管理问题，管理者只是在增加工作年限，并不会增长管理经验。

“画虎不成反类猫”的管理

——管理不应盲目求新

阅读思考

1. 说出三种管理工具的内涵及应用方法。
2. 如何让企业与新型管理工具更契合？

春节期间见到了许多朋友。昔日痛骂领导无情的朋友也一个个走上了领导岗位，甚至有的成了大小不一的老板。可能真是屁股决定脑袋的原因，人们开始谈论“人才难招”“人才职业化不够”“企业管理难”的话题了，而似乎不久以前，还在说什么“工作越来越难找”“老板越来越黑心”“只要舍得钱怎么都能管好”。

这种转变中，话题自然离不开一些热门或不热门的管理方法或工具。对此，而大家表现出来了别样的自信。一个老板朋友对我说，国外的质量管理工具根本不是那么回事，譬如 ISO9000、六西格玛等工具在我公司里都用了，就是没有效果，说明那东西到了中国就不行了。一个做高层管理的朋友说，我们上了平衡计分卡，那玩意听起来很美，但真正实施后发现落地很难，看来不适合中国。还有朋友讲，年年搞绩效考核，年年走形式，绩效考核根本没用，不如凭感觉发钱实在。这些朋友得出的一个共同结论就是西方的工具到了中国就不行了。

听着类似的言辞，我不知该如何评说。似乎某位名人曾经说过，许多走向管理岗位的人实际上只是重复着以前遭遇到的糟糕的被管理经历而已。以前非常痛恨那种动不动就扣钱的管理政策，后来做了管理者了，常常能擎起的大棒还是这一政策。许多以前骂老板黑的人，做了老板可能更黑。随着位置的变化，人们常常只是较为轻易地转了下屁股，本质并没有改变。

屁股转变了，但是对管理工具和方法的理解却不一定提升，只是增加了自信而已。用了 ISO，没有效果，不去思考自己是否认真按照 ISO 执行了，却自信地认为是 ISO 没用。用了六西格玛了，不去思考自己是否真正学会了六西格玛，就自信地否认这一工具，未免太可笑了。

在这些人的逻辑中，有个前提是我做的是对的，所以没有达到管理预期目标，这些工具就是错的。说到平衡计分卡，一个朋友说那还不简单，不就是将过去的指标分成四个层面归类一下列成表吗？没用！当自己表面用一个管理工具实质上却没有真用时，结论下得是否太仓促了？

在我做咨询过程中遇到过太多这样的企业。他们听说了一个管理方法，甚至只听说了个名词，上网随意搜一下，就开始实施，无效了，不去反思自己是否真正领会了方法的真谛，就直接否定了它。“那些方法都试过，没用”是我听到的最多的话。

画虎不成反类猫，还自信地以为自己画艺很好，怪虎长得像猫，未免可笑。

我笑着反问了那个说平衡计分卡无效的朋友：“平衡计分卡没做成，公司没有罚你吗？”他愕然道：“那方法不行，也不是我的错。”我开玩笑说：“你公司真够宽容的，管理者不必对管理行为负责，你可以尽情折腾吧。”

我一直认为，管理之所以成为一门学科，自然有其内在必然逻辑。作为实务界人士大可不必盲目求新，紧扣一两个工具，弄清其内涵与外延，扎扎实实推行到见效才是正道。狗熊掰棒子的故事人人皆知，但在公司里，人们还是玩着那种不求甚解的做法，东一榔头西一棒子，不应是真正管理者的行为。换句话说，折腾谁呢？

模糊的管理

——不能把管理非专业化

阅读思考

1. 会管理与会赚钱是什么关系?
2. 管理是否可以轻易掌握?

这些日子去过几个企业。这几个企业有个共同点，似乎每个人都特别愿意跟我谈管理。可能平时与别人谈管理话题有些放不开的缘故，碰到我这个从事管理研究并做管理咨询的人，都有着说不完的话。

“有奖有罚”“执行力”是他们口中常常冒出来的词。越是进化阶段低的企业，这些词出现的频率越高。似乎每个人都能够对此发表一番评论。可是如果你要追问一句，怎么做才能做到有奖有罚，怎样做才能有执行力，他们就会尴尬，以为你在抬杠。因此，你的最佳选择就是附合就行。

管理是模糊的。模糊到管理本身与人事斗争之间的界线会被打破，或者根本没有建立起来。人们常常用治人的一套来理解管理，用政治的一套来理解企业。管理本身被缩小到了人与人斗争的狭小范围。这一点，多少让搞管理研究的人感到无奈。

多年来，我国企业一直在管理上做着探索。军管企业时代，用的是军队的一套做法。到了“一五”“二五”时期，沿用苏联的一套做法，强调企业的非主体性，只是执行的个体而已。再到后来，出了“鞍钢宪法”，非常好的思想。改革开放以后，政企分开，两次利改税、一包就灵，现代企业制度建设、股份制改造……其间出过不少管理模式，也出过不少得奖升官的大师，但后来大多消失了。现在除了垄断行业经常搞些管理模式、典型经验外，其他企业大多不玩这一套了。可是，这些模式表面上消失了，事实上还在企业中潜伏着。

我曾看到一个发展非常迅速、效益非常好的企业，就潜伏着承包制的管理模式。这个企业似乎什么都在承包，都核算为钱。甚至一些文案类职能工作也在承包，只是换成了“管理奖”之类的说法。然而，当年改革开放过程中存在的“一包就灵”的问题，在这个企业中也明显存在着，譬如：只能承包“利”而承包不了责；集体知识的无积累，构成了企业发展的瓶颈；各自为政的危害，让承包最初的激情慢慢退化。这些问题成为了企业上下整天热议的话题。

企业之所以能够存在，就在于以企业形式存在的内部交易成本要小于外部市场的交易成本，企业的边界就是两者相等的理想状况。当无限制承包的时候，交易成本自然会上升，企业追求做强做大也只是一个梦想。

对管理理念缺乏基本的是非判断，模糊得分不清好坏，实践上已经证明走不通的管理之路还要重走一遍，这样的企业能搞好吗？

一个中型公司的老板朋友边打着麻将边给我打电话，问我能不能帮他设计一个制度，让那些懒家伙变勤劳了，自己不用再操心公司就可以自主运转。我严肃地讲，在北京有一批像你这样的老板，命里注定就是劳累的，你只要不努力，立马会关门大吉。他问为什么，我说你根本上还只是在做生意，还谈不上经营企业。其实，我本来是想说，从本质来说，你和街上卖红薯的没什么两样，你没有做企业的理想，更多的是投机主义；你没有把企业看作是用理想来组织一帮人的平台，传统的封建地主的思想还在你脑海里停留着。凭什么你成了老板，就一定比你的员工要强？虽然社会上可以用金钱等物质度量，让你满足了自己的成功欲，但是要管理企业就必须按企业的规律进行，就必须符合管理的规律。否则，用培养孩子来打个比方，自己有了孩子，不打算精心呵护，却想找到一个管理方法或者用钱搞定，让孩子自动自发长大成才，这不可笑吗？不是所有人的孩子都是天才，也不是所有的生意点子都是 FACEBOOK。孩子需要呵护，企业也需要呵护。这是无法逃避的责任。

管理是模糊的，它模糊了会赚钱和会管理的界线。在转轨的社会里，机遇有时会垂青有心人，但很多时候会更偏向于关系资源型的人。依据个人积累的一些关系，再加上勇气，许多人可能会赚一大笔钱，但那最多只是生意层面上的，并不代表你管理一定厉害。看看改革开放初期的富翁们，有几个还在当今的台面上？依靠关系资源，依靠某一个机会，起来快落下来也快。就算起来，也起不到多高的层面。只有那些真正明白自己财富和管理之间相关性的人，才能算在做企业。而真正做企业的，有几个不是战战兢兢、如履薄冰的？稍微赚一点钱，就以为自己是管理牛人的人，企业规模稍微大一点必然会遇到瓶颈。

《士兵突击》热播时，一些老板感叹：我怎么遇不到这么好的部下？并声称自己在公司会议上多次强调要学许三多，但下面的人就是不学。每当这时，我常常会笑着反问一句，好的下属是天生的吗？如果是天生的，为什么好的员工都到了微软、IBM、谷歌、FACEBOOK，而不到你这里来？这个话题自然引起了人们的兴趣。有从不同侧面论证自己如何心底好的，有论证市场职业经理人不完善的。那么，到底哪些是自己管理上可以做到、应该做到的？好像这个话题有些沉重，不往下进展为好。管理的谈话很容易让人们模糊“坐而论道”与“实事求是”的界线。

将目光向内，界定清楚自己企业真正处于的管理阶段。是蓝田人的阶段，就不要用山顶洞人的管理方法；被证明了不能用的方法，就尽可少用。如果短期内一定要用，也要明白不利之处如何规避。只是理念上，还是超前点的好，边打麻将边办公毕竟土了点吧。管理上好的东西，归根到底还是要用到自己企业里，少点坐而论道吧。

企业的真假制度化管理

——制度化管理的三个内容

阅读思考

1. 制度化管理包含哪三个内容?
2. 为什么要对企业进行制度化管理?

在当今企业界，没有人会否认制度化管理的作用。在一定程度上，是否制度化也成为判断一个企业是否优秀的必要条件。如果还处于人治阶段，依靠个人好恶情感、经验来管理，那么肯定不是好公司。如果恰好这个企业现金流很充沛，那么也只能被称作暴发户，某些地方的煤老板、油老板、矿老板所领导的企业就是实例。那么，真正实行了制度化管理，是否一定就是优秀企业呢？未必。

制度化是一个非常广泛的概念，用在不同的语境中，可能会“被走样”。走样有两种表现。其一，表面是制度化，实际上还是人治。这种情况太多了。如果将制度化管理看作是理性思维的话，那么这种情形则是披着理性思维外壳的人治内核。有时我甚至疑心，在我国这个传统文化很深的社会中，“只许州官点火，不许百姓点灯”的文化是否具有太深的积淀，以致到了现在，还有太多的企业存在着“制度化只是约束别人的工具”的思想和行为。这种可怕但普遍的现象，实际上破坏着制度化管理的根基。其二，表现为离散的制度化。套用当前流行的语言，则是山寨版的制度化。它更多是照搬一些一知半解的管理方法或工具，常常只看局部不见整体。企业制度化管理是基于完整的逻辑，是各个组成之间相互牵制的体系。抽取其中任何一个部分当作整体来应用，都可能使效果大打折扣，甚至适得其反。然而，许多企业总是这样急功近利。听说有一个好的工具，可以打造制度化运作的公司，就尽快拿来，然后整出许多无人理睬的制度。再然后，又开始追求另外一种制度化管理手段。不能平心静气地进行公司制度化改造，只能算是照猫画虎的管理。

真正的制度管理化，并没有统一的界定。但它至少应包括三个方面的内容：一是符合组织成长规律。企业从小到大，不同阶段适用不同的规则，是不允许随意进行管理创新的。就像对待孩子成长，有些习惯必须养成，没有为什么。我们在这方面恰好忽视了，要么是小脚大鞋，要么是大脚小鞋，要么是怕夹脚而随意创新。二是符合系统管理的规律。管理是一个系统工程，需要全方位的提高。三是不能缺失人文思维。缺失人文的企业，官僚主义常会滋生，运营成本会增大。

企业系统必定是由人参与的系统。人参与的特点，就决定了管理的科学性和艺术性。艺术性的规律本身也是一门科学。真正的制度管理演化应该是不断适应并利用企业规律的过程。企业管理者在打造制度化企业时，必须按照企业运行的规律，像手工制作陶器一样，小心、静心、潜心地感知着每个小小的变化，随时不断调整。或许制度化管理是打造一个优秀企业最合适的途径，但这一过程不可能“省心”，如果你一定要把企业打适成精美工艺品的话，可能还需用更“费心”。

中文的丰富与管理的艺术隐藏管理逻辑漏洞

——为什么落后的企业总容易出经验

阅读思考

1. 如何防止用语言掩盖管理问题？
2. 写总结时，应运用什么样的逻辑？

我一直在试图寻找人们语言背后的真实逻辑，却常常感到无奈。在这个改革、与时俱进、和谐社会、财富、创新、核心竞争力、可持续性发展等等词语在人们耳边常常响起的时候，管理这一充满艺术性的学科总是能够给每个人带来无限的谈资，无论是网上或者网下。然而，中文本身词语的丰富性和管理的艺术性结合在一起时，你会发现一些难以被捕捉的逻辑漏洞却被巧妙地隐藏了。

前几天，去一个垄断行业考察。这个行业的管理无疑是落后的，然而我却听到了许多非常优秀的管理思想。可以讲，现在凡是市面上能够听到的管理思想，这里都有。而且，扎实的中文功底还让他们能将一些管理思想用最通俗上口的标语式语言讲出。问到为什么这么好的理念不能落实，他们还可以搬出执行力之类的理论进行全面阐述。

看着一群高谈阔论的人，我不由地想到这样一个问题：为什么落后的地方总是容易出经验？由于管理有着艺术性，任何中文功底深厚的管理人员总是可以对此进行一场哲理思辨，可以言必称张瑞敏，动辄德鲁克，让听者在情感上获得共鸣，而全然不顾这些管理哲理如何落实。

中文实在是太美丽了，美丽到任何人都可以将其在管理中艺术性地应用。常常听到有些领导优美而又饱含道理的讲话。譬如讲到什么是“管理”，有人这样讲，管理管理，就是既要管，也要理。管，上有竹头，下有官，就是说笑为先，严为后，笑中有严，严中有笑；理，左为王，右为里，王指要集中，里指要用规矩，规矩就是量化的。还有讲到和谐，说人人有饭吃是和，人人能说话就是谐。类似的例子还有很多，每个讲出这样解释的人无不沾沾自喜，但很少有人往下深究。你确实得承认，这些人真有智慧。

在管理被当作“道”而论的时候，总有许多人开始努力实践这种“道”。可是，中文的丰富与管理的艺术结合用到实践时却非常可笑，而很多时候人们却不以此为可笑。

曾经去过一个很不错的民营企业。该企业生产车间里的质量合格率有段时间有点问题。其实原因可能很简单，是流程上的机器或操作上的问题。可是开会讨论了几次之后，尽管分管技术质量的人员极力争辩，管理人员却依然认定是员工缺乏主动性积极性，对企业文化“精益求精”的认同不够引起的。于是没有寻找流程或操作的原因，而是找了外部人士将工人拉到会议室进行了企业文化理念的培训。培训完了，产品合格率就提升了？技术质量人员感到可笑，但有些人却不这样认为，坚信如果产品质量合格率没有提升，就是培训力度不够，还要把这帮家伙拉到会议室里加强培训。

一个市场化程度很高的公司，职能部门闲着没事，办事不积极，其实根源在于部门设置不合理。或者说，这个部门根本就该砍掉。然而，领导不知从什么地方听到了建议，花了几万块钱，用几天时间请个培训师来讲讲执行力……这样的例子太多。对于该身体力行解决的问题却用坐而论道的方式来解决，不知遵守的是什么样的逻辑？

我给一家企业做顾问的几年时间里，本来见效最快的是投资并购这一块，可是我却不得不花大量时间搞组织人事的事情。这个企业中的人特能讲，只要我在，每个人都会滔滔不绝，而且见解高明。有一天我终于忍不住了，问道："一个比一个专家，那么有谁在这三年中看过任何一本专业教科书？"实际上做人力资源管理的，没有认真看过一本人力资源管理书的大有人在。毫不夸张地说，许多人从来不摸专业书刊报纸。这个问话之后，大家都惊叹了一下，接着开始讨论"管理的理论性与实践性"了，甚至从成年教育特点开始谈到职业教育改革……我不由地想，在技术领域，没有相当的专业技能就没有发言权，怎么到了管理领域里，为什么却可以轻松地将道家、法家、儒家甚至西方哲学用进来，大谈"有所为有所不为"之类的哲理，可以不去思考到底如何"为"之类的技术问题？

又到了年底了，新的一轮年终总结又来了，又给了人们一个展现管理水平的机会了。还是少用点"继续打造部门核心竞争力""推动和谐社会文化在公司的建立"之类的话，多用点"做了什么，要做什么"这一朴素的逻辑吧。说到这里，想起一个朋友的话："如果那样干脆地写，就没东西可写了，怎么办？"